电子商务
创业与运营

董随东 王淼静 任桂玲 编著

清华大学出版社
北京

内容简介

本书以培养学生创新创业思维与能力为主线，引入大量电商创业真实案例，介绍了电商创业过程中应具备的知识与技能，包括了解产业链与电商平台、店铺品牌定位、产品的选择、最小可行化产品、店铺的设计与装修、设计产品详情页和海报、电商平台流量营销、用户裂变营销和电商运营数据管理等内容，使学生对电商创业有一个系统的认识，并能根据所学内容完成店铺的运营与营销工作。另外，本书还赠送PPT课件和课后习题答案。

本书实例丰富、讲解细致，注重激发学生兴趣和培养学生动手能力，适合电子商务相关从业人员参考，可用作职业教育院校电子商务相关专业电商创业课程的教材，也适合网店创业者参考使用。

本书封面贴有清华大学出版社的防伪标签，无标签者不得销售。
版权所有，侵权必究。举报：010-62782989，beiqinquan@tup.tsinghua.edu.cn。

图书在版编目（CIP）数据

电子商务创业与运营/董随东，王淼静，任桂玲编著. —北京：清华大学出版社，2022.9
ISBN 978-7-302-61628-3

Ⅰ.①电… Ⅱ.①董… ②王… ③任… Ⅲ.①电子商务－运营管理－职业教育－教材 Ⅳ.①F713.365.1

中国版本图书馆CIP数据核字（2022）第144258号

责任编辑：张　敏
封面设计：杨玉兰
责任校对：胡伟民
责任印制：沈　露

出版发行：清华大学出版社
网　　址：http://www.tup.com.cn，http://www.wqbook.com
地　　址：北京清华大学学研大厦A座　　邮　编：100084
社　总　机：010-83470000　　邮　购：010-62786544
投稿与读者服务：010-62776969，c-service@tup.tsinghua.edu.cn
质　量　反　馈：010-62772015，zhiliang@tup.tsinghua.edu.cn
课　件　下　载：http://www.tup.com.cn，010-83470236

印 装 者：小森印刷霸州有限公司
经　　销：全国新华书店
开　　本：170mm×240mm　　印　张：12.75　　字　数：322千字
版　　次：2022年11月第1版　　印　次：2022年11月第1次印刷
定　　价：69.80元

产品编号：092859-01

本书是为了响应国家号召,壮大创新主体,推动教育创新,改革人才培养模式,让学生能够快速掌握电子商务行业创新与创业的技巧和能力,提高电子商务营销和运营能力而作,旨在培养学生表现与表达能力的同时,使其能够多维度地了解整个电子商务行业创业与营销概况,掌握电子商务行业知识,为日后从事电子商务相关职位或独立创业打下基础。

本书内容

本书共9章:第1章 产业链与电商平台;第2章 店铺品牌定位;第3章 产品的选择;第4章 最小可行化产品;第5章 店铺的设计与装修;第6章 设计产品详情页和海报;第7章 电商平台流量营销;第8章 用户裂变营销;第9章 电商运营数据管理。

每章都包括专业知识导入和创业活动,学生可以在学习专业知识的同时为从事创业活动打下基础。每个创业活动包括创业故事、技术引进、任务实施和举一反三四部分,帮助学生循序渐进地完成课程内容学习。学生可以通过完成课后习题中的选择题或填空题,检测学习效果。创新实操可以使学生脱离教学,具备独立操作的创新能力。

- 创业故事

以第一人称的方式讲述电商创业人创业的过程。让学生了解电商创业的条件和流程,并从别人的创业活动中吸取经验,避免犯同样的错误。

- 技术引进

主要针对本创业活动中涉及的理论知识进行全面详解,由理论引导实践,降低活动的实施难度。

- 任务实施

学生根据活动内容和要求完成指定的创业活动;教师通过课堂观察、书面测验、口头测验、课堂提问、作业分析、学员访谈和过程记录等形式,对学生任务实施情况进行打分,检查学生学习情况,进行查缺补漏。

- 举一反三

通过举一反三环节,引导性帮助学生完成课外或课下学习,拓宽视野,巩固课堂学习效果。

本书特点

本书采用"大项目,小任务"的教学模式,用理论指导实践,用实践巩固理论,以创业故事、技术引进、任务实施和举一反三四个环节完成教学和创业活动。同时,配合丰富多样的图片与视频,多个实操案例和课堂练习,增加课程的趣味度,让学生真正参与到课堂学习中来。另外,本书还赠送PPT课件和课后习题答案,方便读者学习和使用。读者可扫描下方二维码下载获取。

在本书的写作过程中虽力求严谨,但由于时间有限,疏漏之处在所难免,望广大读者批评指正。

编　者

PPT 课件

课后习题答案

第1章 产业链与电商平台 ... 001
1.1 了解产业链 ... 001
1.1.1 产业链的概念 ... 001
1.1.2 产业链的本质 ... 001
1.1.3 电商产业链 ... 002
1.1.4 如何选择创业的电商品类 ... 004
1.2 选择合适的电商平台 ... 006
1.2.1 按照类别划分 ... 006
1.2.2 按照流量划分 ... 008
1.2.3 其他分类 ... 011
1.3 了解电商三大平台的优缺点 ... 012
1.4 九大平台入驻收费 ... 013
1.5 创业活动——学生选择开店平台 ... 014
1.5.1 创业故事——大学生网上创业始末 ... 015
1.5.2 技术引进——电商定位、确定品类 ... 016
1.5.3 任务实施——学生选择开店平台 ... 020
1.5.4 举一反三——选择创业项目 ... 020
1.6 本章小结 ... 021
1.7 课后习题 ... 021
1.7.1 选择题 ... 021
1.7.2 填空题 ... 021
1.7.3 创新实操——选择并分析产品链结构 ... 021

第2章 店铺品牌定位 ... 023
2.1 什么是店铺定位 ... 023
2.2 网店的店铺定位 ... 024
2.2.1 从目标群体着手定位店铺 ... 025
2.2.2 提取目标客户 ... 026
2.2.3 店铺精准定位 ... 027
2.3 打造店铺品牌 ... 029

                2.3.1 品牌调性 029
                2.3.2 视觉锤与语言钉 030
        2.4 创业活动——汇报并总结店铺定位 034
                2.4.1 创业故事——说说我的第一次创业 034
                2.4.2 技术引进——打造视觉锤的7种方法和提炼"战斗口号"的
                        5个技巧 036
                2.4.3 任务实施——汇报展示店铺 040
                2.4.4 举一反三——学生完成店铺定位 040
        2.5 本章小结 041
        2.6 课后习题 041
                2.6.1 选择题 041
                2.6.2 填空题 042
                2.6.3 创新实操——编写项目计划书 042

第3章 商品的选择 043
        3.1 确定目标用户 043
                3.1.1 用户画像分析法 043
                3.1.2 对店铺进行偏差操作 046
                3.1.3 用户画像操作步骤 046
                3.1.4 用户访谈分析法 046
        3.2 寻找用户的痛点 051
                3.2.1 找到痛点 051
                3.2.2 找到商品满足痛点 052
                3.2.3 产品优势 052
                3.2.4 选择具有竞争力的商品 052
        3.3 解决用户的痛点 053
                3.3.1 深度洞悉用户需求 053
                3.3.2 善于分类,不断细分 054
                3.3.3 向所有已知的商品质疑 055
                3.3.4 从用户主动性入手 056
        3.4 创业活动——找到目标并选择一款主营商品 057
                3.4.1 创业故事——我做跨境电商遇到的"坑" 057
                3.4.2 技术引进——了解用户的爽点和痒点 058
                3.4.3 任务实施——找到目标用户并选择一款主营产品 061
                3.4.4 举一反三——绘制自己店铺用户画像并分析痛点 062
        3.5 本章小结 062
        3.6 课后习题 062
                3.6.1 选择题 063
                3.6.2 填空题 063

3.6.3　创新实操——使用用户访谈分析法调研市场 063

第4章　最小可行化商品 064

4.1　了解精益创业 064
4.1.1　精益创业的背景 064
4.1.2　拆解精益创业 065
4.1.3　精益产品设计 066

4.2　最小可行化产品（MVP）............... 070
4.2.1　MVP 的概念 070
4.2.2　MVP 的目的 071
4.2.3　MVP 的模型分类 071
4.2.4　好的 MVP 071
4.2.5　打造成功的 MVP 072

4.3　爆品方法论 075

4.4　创业活动——汇报展示最小可行化商品 077
4.4.1　创业故事——牛玩网的创业故事 077
4.4.2　技术引进——了解小米生态链 079
4.4.3　任务实施——汇报展示最小可行化产品 080
4.4.4　举一反三——开发学生自己的 MVP 081

4.5　本章小结 081

4.6　课后习题 081
4.6.1　选择题 081
4.6.2　填空题 082
4.6.3　创新实操——撰写竞争者分析总结 082

第5章　店铺的设计与装修 083

5.1　制作店铺原型 083
5.1.1　店铺原型的作用 083
5.1.2　制作店铺原型的目的 083
5.1.3　店铺原型的制作 084

5.2　店铺装修 087
5.2.1　店铺的合理布局 087
5.2.2　店铺首页设计思路 092

5.3　店铺页面设计规则 093

5.4　店铺页面设计排版 094

5.5　创业活动——装修自己的店铺 095
5.5.1　创业故事——我所知道的影响淘宝排名的因素 095
5.5.2　技术引进——拼多多平台开店流程 096
5.5.3　任务实施——注册自己的店铺 098

5.5.4 举一反三——完成自己店铺首页的装修 ... 098
5.6 本章小结 ... 099
5.7 课后习题 ... 099
　　5.7.1 选择题 ... 099
　　5.7.2 填空题 ... 100
　　5.7.3 创新实操——完成自己店铺其他页面的装修 ... 100

第6章 设计商品详情页和海报 ... 101

6.1 设计商品详情页 ... 101
　　6.1.1 详情页设计思路 ... 101
　　6.1.2 详情页的设计过程 ... 102
　　6.1.3 详情页的设计尺寸 ... 103
6.2 详情页设计原则 ... 104
6.3 店铺海报的位置 ... 108
　　6.3.1 店铺海报中的文案 ... 109
　　6.3.2 店铺海报中的商品图 ... 111
6.4 电商海报结构 ... 113
　　6.4.1 海报设计结构 ... 113
　　6.4.2 店铺中海报尺寸 ... 115
6.5 创业活动——设计制作详情页和海报 ... 117
　　6.5.1 创业故事——我的淘宝创业之路 ... 117
　　6.5.2 技术引进——电商海报的常见类别 ... 120
　　6.5.3 任务实施——设计制作详情页和海报 ... 123
　　6.5.4 举一反三——设计制作主营商品主图 ... 124
6.6 本章小结 ... 124
6.7 课后习题 ... 124
　　6.7.1 选择题 ... 124
　　6.7.2 填空题 ... 125
　　6.7.3 创新实操——设计自己店铺商品详情页 ... 125

第7章 电商平台流量营销 ... 126

7.1 关于流量营销 ... 126
　　7.1.1 通过SEO获取流量 ... 126
　　7.1.2 通过店铺推荐获取流量 ... 128
7.2 了解流量互换 ... 129
7.3 优化淘宝店铺关键词 ... 130
　　7.3.1 淘宝中如何优化关键字 ... 131
　　7.3.2 爆款的操作步骤 ... 132
7.4 京东店铺如何获取流量 ... 132

7.4.1 善用店铺动态获取App流量 133
7.4.2 善用二维码吸纳流量 135
7.4.3 善用"签到有礼"维系粉丝 136
7.5 拼多多平台设置店铺推荐 136
7.6 精细化运营淘宝平台 138
7.7 创业活动——在店铺中设置产品推荐 140
7.7.1 创业故事——分析我淘宝店铺的创业经历 140
7.7.2 技术引进——如何让店铺短时间快速获取流量 141
7.7.3 任务实施——在店铺中设置商品推荐 142
7.7.4 举一反三——为自己店铺选择流量营销模式 143
7.8 本章小结 143
7.9 课后习题 143
7.9.1 选择题 143
7.9.2 填空题 144
7.9.3 创新实操 144

第8章 用户裂变营销 145

8.1 了解裂变营销 145
8.1.1 AARRR：从拉新到裂变 145
8.1.2 裂变营销——用一个老用户找来五个新用户 147
8.2 裂变营销的技巧 148
8.2.1 App裂变 148
8.2.2 微信裂变 152
8.2.3 线下裂变 155
8.3 用户池的建立和维护 158
8.3.1 店铺用户引流 158
8.3.2 使用阿里猫App 159
8.3.3 用户池的维护 159
8.4 创业活动——利用微信群进行海报裂变营销 160
8.4.1 创业故事——微信社群裂变营销的33个案例 160
8.4.2 技术引进——微信社群裂变营销 164
8.4.3 任务实施——利用微信群进行海报裂变营销 165
8.4.4 举一反三——使用社群裂变营销推广 166
8.5 本章小结 166
8.6 课后习题 166
8.6.1 选择题 166
8.6.2 填空题 166
8.6.3 创新实操——朋友圈视频号推广引流 167

第 9 章 电商运营数据管理 168

9.1 电商数据分析概述 168
9.1.1 电商数据分析的常用指标 168
9.1.2 电商数据分析的步骤 171

9.2 电商数据分析工具 172
9.2.1 淘数据 172
9.2.2 ECdataway 数据威 173
9.2.3 生意参谋 174
9.2.4 量子恒道 175
9.2.5 京东商智 175
9.2.6 电商插件工具 175

9.3 店铺交易数据分析 177

9.4 店铺运营数据分析 181
9.4.1 店铺运营的重要数据 181
9.4.2 订单漏斗模型 182
9.4.3 影响转化的因素 183

9.5 创业活动——监控店铺营销数据，调整营销策略 185
9.5.1 创业故事——拯救淘宝店铺 185
9.5.2 技术引进——淘宝店铺数据分析 189
9.5.3 任务实施——查看店铺营销数据，调整营销策略 191
9.5.4 举一反三——分析各项运营数据并对营销手段进行调整 .. 192

9.6 本章小结 192

9.7 课后习题 192
9.7.1 选择题 192
9.7.2 填空题 193
9.7.3 创新实操——学生上台汇报店铺经营情况 193

第 1 章　产业链与电商平台

目前,我国电子商务平台通过互联网展示、宣传或者销售自身产品越来越趋于平常化,并且扩展为另外一种途径的互联网营销,让用户多一种途径来了解、认知或者购买商品。本章聚焦了解产业链的概念、本质、电商产业链和如何选择创业的电商品类;选择合适的电商平台;了解电商三大平台的优缺点以及九大平台入驻收费情况等,系统介绍电商平台与产业链的关系,帮助学生从实践的角度掌握电商平台及产业链的相关知识。

1.1　了解产业链

目前,我国电商产业已经进入快速成长时期,并进入产业迅速发展的阶段。面对电子商务行业激烈的竞争,电子商务技术的不断创新以及行业本身所具有的规范化程度、交易安全性的要求,有必要认清我国电子商务行业的产业结构现状。在开始了解电商产业链前,我们先了解一下什么是产业链。

1.1.1　产业链的概念

产业链是经济学中的一个概念,是指各个产业部门之间基于一定的技术经济关联,并依据特定的逻辑关系和时空布局关系,客观形成的链条式关联关系形态。

1.1.2　产业链的本质

产业链的本质是用于描述一个具有某种内在联系的企业群结构,它同时具有结构属性和价值属性。产业链中大量存在着上下游关系和相互价值的交换,上游环节向下游环节输送产品或服务,下游环节向上游环节反馈信息。

> **案例**　智能手机产业链
>
> 现在,几乎人手一部的智能手机有一个庞大的产业链。一部智能手机通常由主板、屏幕、触摸屏、摄像头、电池、外观结构和操作系统七部分组成,如图 1-1 所示。手机芯片又分为 CPU、GPU、GPS、PA、RF 和 Wi-Fi 六种芯片组成,如图 1-2 所示。每一组成部分都由众多的供应厂商组成,这些厂商彼此交错,形成了智能手机产业链。
>
> 按照产业链上游、中游和下游的划分方式,可以将智能手机产业链划分,如图 1-3 所示。

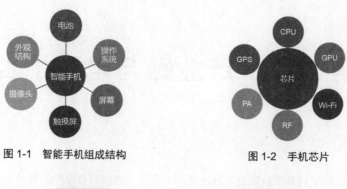

图 1-1　智能手机组成结构　　　　图 1-2　手机芯片

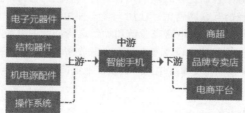

图 1-3　产业链划分

1.1.3　电商产业链

理解了产业链的概念后,接下来了解一下电商行业的产业链结构。对于普通消费者来说,电子商务就是在网上购物,然后收货的过程。但对于电子商务行业来说,却是个非常复杂的过程,需要众多的企业参与其中,图 1-4 所示为农贸电商产业链的结构。

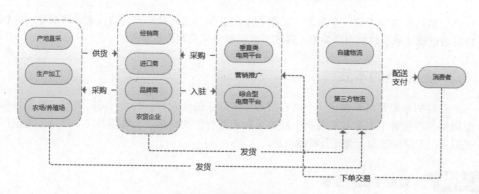

图 1-4　农贸电商产业链结构

购买流程通常是指消费者从网站平台(例如淘宝、京东和抖音)购买商品之后通过物流(快递)公司将商品送到其手中的过程,如图 1-5 所示。

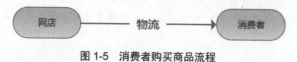

图 1-5　消费者购买商品流程

电商产业链是不同产业的企业之间的关联,这种产业关联的本质是各产业中企业之间的供给与需求的关系。因此,电商产业链可以说是由上游供应商、中游供应商、电商以及物流所组成。

1. 上游供应商

从网店的供货商来说,可以分为产地直采、自己生产加工以及农场/养殖场等多种渠道,这类供应商被称为上游供应商。这类供应商通常出现在阿里巴巴平台。

2. 中游供应商

从上游供应商处采购进货后,再销售给消费者的供应商称为中游供应商,此类供应商包括经销商、进口商、品牌商和农贸企业等渠道商家。

3. 电商

供应商在获得商品后,在电商平台上开店销售商品,目前常见的店铺平台分为垂直类电商平台和综合型电商平台。

(1)垂直类电商是面向特定类型的用户,虽然销售产品的来源很多,但都是同一类型的商品。例如,美妆电商平台小红书,母婴产品电商平台宝宝树,服装电商平台蘑菇街等,如图1-6所示。

图1-6 垂直类电商平台小红书和宝宝树

(2)综合型电商平台面向所有类型的用户,销售产品各式各样,例如京东、淘宝和网易严选等,如图1-7所示。

图1-7 综合性电商平台淘宝和网易严选

4. 物流

消费者与电商之间产生交易后,平台需要通过物流将产品送到消费者手中,电商可以选择自建物流(如京东物流)或第三方物流(如顺丰、中通、圆通)等。

综上所述,电子商务产业链是由供应商、电商、物流和消费者四部分组成的,供应商又分为上游供应商和中游供应商,如图1-8所示。

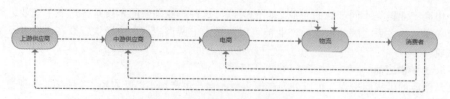

图1-8 电子商务产业链结构图

1.1.4 如何选择创业的电商品类

在当下,"草根"电商创业所要思考的是选择什么品类的商品比较适合。例如,服饰虽然市场大,但过度"红海",很难盈利;生鲜品类虽然新,但市场太小,并且竞争压力大,同时还有仓配、售后等问题,导致"红海的不好做,蓝海的又做不好"。所以电商创业是非常艰难的。

但是电商创业也并非无路可走,要想做好品类选择,首先要先了解这个产业,最简单的方式就是盘点现有的跨境电商们如何选择类目,如图1-9所示。

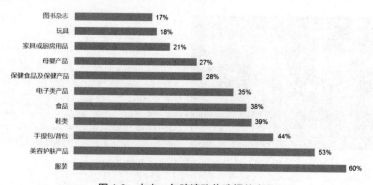

图1-9 未来一年跨境购物选择的商品

由图1-9可以进行简单的归纳,消费者有兴趣的跨境商品,主要集中在服装、美容护肤产品两大领域。以此可以看出互联网创业选择品类需要考虑以下三个因素,如表1-1所示。

表1-1 互联网创业选择品类考虑因素

属　　性	因　　素
消费属性	消费者对这个品类的关注度
客单价	消费者购买商品的利润
消费频次	消费者购买品类频次

1. 消费属性

某些品类拥有较高的关注度,比如女装、护肤品、手机、餐馆和旅游目的地等。而在某些品类领域中,关注度比较低,比如水杯、拖鞋和垃圾筐等。关注低并不是因为不需要,而是消费者对这个品类的品牌和性能差异相对不够敏感。对性能不敏感并不是说消费者不在意质量,而是在消费者心目中,只有"好"和"坏"、"贵"和"便宜"的简单差别,很难创造品牌和品牌之间的差异。

继而深挖差异化产品,比如女装可以主打黑色裙子以及超短裙等细分品类。另外,如袜子的品牌有浪莎、南极人和七匹狼等。但在消费者眼里这些都是"穿起来还不错"的袜子而已，到底是谁略胜一筹消费者其实并不关注。这样就可以看出，如果电商对品牌关注度不够敏感，那么想在这个领域做出成绩是不太现实的。因为消费者体会不到差异，电商就难做品牌差异，没有品牌差异，就没有消费者的忠诚度。

2. 客单价

下面以美妆护理为例，分析一下美妆护理商品客单价。表1-2所示为不同网站热销美妆护理品类价格分布。

从表1-2可以看出，约40%的客单价在50~100元，约16%的客单价在100~150元，约9%的客单价在150~200元。

表1-2 热销美妆护理品类价格分布

网站	品类	50元以下	50~100元	100~150元	150~200元	300~500元	500元~800元	合计
天猫国际	美妆护理	8	19	10	1	2	1	41
京东全球购	美妆护理	5	36	10	13	15	6	85
洋码头	美妆护理	20	42	19	7	1	0	89
淘宝全球购	美妆护理	30	13	6	3	2	0	54
合计		63 (22.2%)	110 (38.7%)	45 (15.8%)	24 (8.5%)	20 (7.0%)	6 (2.1%)	269

实现产品差异化在市场占据主动之后，就需要考虑利益最大化，这包括两个途径。一是实现用户产品个性化，使产品的用户价值最大化，让产品变成一种因人而异的服务（优质产品易被复制，优质服务难被取代），基于用户价值去定价，而不是基于成本去定价。

二是保持动态的价格机制。保证其价格在用户可接受范围内尽可能提高，但是不能让利润率刺激到新资本进入这个市场，比如中国互联网新产品尽可能不要刺激腾讯这样的巨头进入；这样才能在进行价格竞争时，又保证不会因为过低影响生存。

案例 获得最高利润

A产品的成本是50元，它有100个潜在用户。

当定价为100元时，有50个用户愿意购买，这时候利润是50×（100-50）=2500（元）；

当它降价到80元时，有90个用户愿意购买，这时候利润是90×（80-50）=2700（元）。

由此可以看出虽然单个用户的利润在下降，但是总量的上升带来了总利润的上升。在最理想的状态下，给每个用户设定一个正好符合其最大心理价位的价格，就可以尽可能地让潜在用户都购买产品，以期达到最高利润。

3. 消费频次

在竞争日趋激烈的买方市场的环境下，电商要想抓住身边每一位客户以及每一个成交机会，就要对价格和服务有相对较高的敏感度，这样才可以提高消费者的消费频次。

低频购买的用户，基本没有用户黏度，通常都是一次性消费。所以大家电品牌都很少做自己的官网。小米算是第一家成功的，但也还是不断地增加产品线，用以提升用户品牌黏度。

两性心理学有个研究结论：一个男生在女生面前出现的频率越高，获得芳心的概率也越高。

同样，一个消费者购买某个品类商品的频度越高，越容易形成品牌熟悉感，品牌熟悉感是形成品牌忠诚度很重要的因素之一，但不是唯一因素。

如果某个品类消费者关注度非常高，那么即便购买频度很低，也能够形成品牌黏性，比如汽车。反之，如果某个品类消费者关注度很低，购买频度也很低，那么消费者很可能根本就记不住上次买了什么品牌，这样每次购买都要重新做选择。

如何提高消费者的消费频次，电商可以针对客户的情况和要求实行差异化的定价策略。例如，优质客户对服务要求高，价格接受能力强。这类客户就要优先保证服务，并且可以在合理的范围内报价略高些。对于一般客户，既要价格低又要服务好。对待这类客户，就要在价格总体略有盈利的原则下，尽量满足其要求；同时在服务上也不可以轻视，尽量保持以轻松愉快的心态来处理消费者的问题。

1.2　选择合适的电商平台

用户想要在电商平台上开一家属于自己的小店，首先要选择适合自己产品的平台。选择正确可以增加创业的成功率，选择错误则很可能颗粒无收。选择电商平台可以从店铺类别和流量上进行选择。

1.2.1　按照类别划分

在选择电商平台之前，首先需要根据电商平台的分类选择适合自己的平台。电商平台分类有很多种，以交易双方类型为标准可以分为 B2C、B2B、C2C 和 O2O 等几类。

1. B2C——电子商务的主流形式

B2C 是英文 business to customer 的缩写，即商家对消费者，表现形式就是零售类的电商平台。国内的天猫、京东，国外的亚马逊等耳熟能详的公司都属于这一类，如图 1-10 所示。它们占据整个电子商务市场的半壁江山，电商巨头也多产于这里。线下实体店有的商品，这里都有，所以现在很多人都不经常去实体店购买商品了。

图 1-10　B2C 网站天猫和京东网站首页

2. B2B——互联网模式的批发或分销

B2B 指的是 business to business，因为交易的双方都是商家性质，这类电商平台做的主要事情就是商品的批发或分销。很多情况下，卖家能够直接通过平台在生产厂家手里拿货，避免了多级中间商差价以及中转的物流成本，这就是电子商务的优势和魅力所在。电商平台分类中的 B2B 平台其实比 B2C 出现得更早，早期的有慧聪网、马可波罗以及阿里的 1688 等，不过现在前两个已经掉队，如图 1-11 所示。

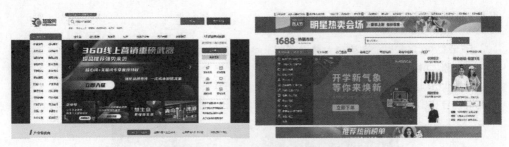

图 1-11　B2B 网站慧聪网和 1688 首页

近几年，随着跨境电商的大火，外贸领域的 B2B 平台也已出现，如阿里巴巴的速卖通、环球易购的环球华品网等。速卖通主要是第三方卖家做小额批发，品类全，但大多没有整个电商供应链的服务能力。环球华品主要是和国内的数万厂家对接以自营形式自建海外仓，为跨境电商卖家提供仓储及全球一件代发服务，应该说它们各有优势。

3. C2C——个人之间的电子商务

C2C 是英文 consumer to consumer 的缩写，相信很多人都有过做淘宝店家的经历，淘宝就是 C2C 电商平台里最出名的代表，又被称为"万能的淘宝"。国外比较出名的是 eBay，每天都有几百万种商品上架销售，而且是面向全球市场，如图 1-12 所示。

图 1-12　C2C 网站淘宝和 eBay 网站首页

4. O2O——线上与线下的深入融合

如果说以前的电商平台模式大部分都是在冲击传统商业模式和传统企业，那么近几年出现的 online to offline，即 O2O 模式则给传统商业带来了强大的发展助力。在美团、口碑这些 O2O 电商平台，消费者可以直接在线上购买或预订，然后到线下实体店去消费。这样平台就可以为店家带去源源不断的客源，如图 1-13 所示。

图 1-13　O2O 网站美团和口碑网站首页

1.2.2 按照流量划分

20世纪90年代以前,流量主要来源就是线下门店,位置好才能人流多,商家的竞争就在于占领商圈、旺铺和好地段。

互联网出现后,尤其是电商的出现,线上流量开始冲击传统线下零售。多年前,天猫在中央电视台打出的第一条广告语"没人上街,不代表没人逛街"正在成为现实,如图1-14所示。

图1-14 淘宝商城广告语

1. 流量

通常说的网站流量指的是网站的访问量,是用来描述访问一个网站的用户数量以及用户所浏览的网页数量等指标。

互联网流量一般用PV(页面浏览量)和UV(独立访问量)来界定,不同于线下人流。线上流量来源大致可以分为三种:企业自有流量(官网、App和微信等)、媒体内容流量(媒体、自媒体)和广告采购流量(各类型广告,如搜索竞价、信息流和视频贴片等)。

互联网的流量时代和不同阶段的社会发展历程一样,也经历了一段从野蛮到疯狂,最后草草结束的过程。早期的互联网流量被少数巨头垄断了PC端80%,主要是新闻、电商和搜索类网站(如新浪、搜狐、淘宝和百度等)。由于转化的成本不断提升,很多企业只能在巨头指定的流量规则下被迫合作。

智能手机的普及让互联网用户从PC端向移动端迁移,移动互联网开始重塑社会生活形态,人们对移动应用的依赖性越来越强,流量也从PC端开始向移动端导入。在移动端,人们通过客户端获取新闻资讯,通过团购App获取生活类团购信息,通过微信等社交工具进行日常沟通交流等,后来又增加了诸如快手、抖音这样的短视频娱乐端。同时,线上线下的渠道渐渐打通,人们的衣、食、住、行等方面都可以通过移动互联网完成,这意味着移动互联网已成为企业连接受众、进行营销的重要通路。

案例 电商平台流量数据

近几年,今日头条的累计激活用户达6亿,1.4亿为活跃用户,日活跃用户超过6000万,头条号日均阅读量超过18亿条(人均30条),用户平均阅读时长超过76分钟。

据友盟数据显示,新闻资讯类的用户平均使用时长大概是26.6分钟,视频播放类的用户平均使用时长是40分钟。两个数据加在一起都不如今日头条一款App的使用时间长。

微信的流量就更不用说了,作为一款高频次的以"社交+通信"为需求的软件,微信的日活跃用户已经超过了9亿。

抖音美食界的"大佬",当然非海底捞莫属。抖音上流行的海底捞"鸡蛋虾滑油面筋"的吃法,让不少"吃货"为之流口水。而后陆续出现的"番茄牛肉饭""最好吃的蘸料"等海底捞网红吃法,更是刷爆了抖音,更有网友吃海底捞就是为了体验抖音吃法。抖音让海底捞又火了一把，一年客流量超过了 1.03 亿人次，而海底捞也根据抖音网红吃法，打造出了新菜单，让不少"吃货"惊喜不已。

对于刚开始创业的人来说，选择一家有流量的电商平台就已经成功了一半。流量显然是有价值的，但这种价值也仅仅限于表面，可以获得用户，但能否留住用户却不一定，要留住用户就需要电商自身的能力。

2. 有流量就能做好电商吗

毫无疑问，目前微信和今日头条都拥有其他平台难以企及的流量。而在微信上线商品搜索后也被不少人认为是其在电商领域的重要布局，甚至可能瓜分淘宝天猫的流量。

不过上线一段时间后，商品搜索在微信中的存在感其实很弱，而今日头条低调上线这一功能似乎试水的意味更重。目前来看，商品搜索在微信和今日头条都有些鸡肋的存在。

微信和今日头条的确拥有庞大的流量，但社交属性和内容属性太重。用户打开微信是为了聊天刷朋友圈，看看公众号，而在今日头条上当然就是看看资讯了。

这两个平台上的用户并没有养成搜索的习惯，并且搜索目的往往也不是查找商品。或者说，大部分用户上微信和今日头条一开始就没有购物的预期，购物并不是用户对这两款产品的预期。而商品搜索的使用场景，是用户想要买什么主动去搜索，这在淘宝和京东里就顺理成章得多了。

但这并不意味着社交和内容流量无法导向电商，以拼多多为首的小程序电商快速崛起就是最好的证明。拼团砍价的裂变模式充分利用了微信的社交流量，而众多公众号靠内容积累了大量粉丝后也开始通过带货做起了内容电商，今日头条的信息流广告也受到很多电商青睐，如图 1-15 所示。

图 1-15　社交电商平台

与其重新培养用户搜索的习惯，不如放大自身社交和内容的优势，深耕社交和内容电商，也许才是微信和今日头条撬动电商格局的更好选择。

近年来，淘宝和天猫也开始通过增强内容属性来增加用户黏性。手机淘宝也迎来了近年来最大的一次改版，最大的变化就是将首屏以下的内容全部以信息流的方式呈现，除了商品信息，还包括淘宝直播、短视频以及买家秀等内容，都以千人千面的方式推荐给用户，如图 1-16 所示。

阿里将淘宝做成了电商版的今日头条，希望每个卖家都像网红一样吸引年轻人，每个消费者都可以像刷抖音一样刷淘宝。

搜索这种兴起在 PC 时代的中心化流量入口，也与微信去中心化的产品理念相悖，于是被放在了相对深的入口，因此京东虽然独占微信商品搜索入口，也不能减缓其营收增速下滑的脚步。而京东独占商品搜索入口也让用户少了很多选择。

这个问题在今日头条更为明显，放心购这个电商平台的商品和商家本就不算海量，价格优势也不突出，随后被拆分为"放心购 3.0"和"放心购鲁班"两大业务，即使有今日头条为其导流，但由于先天不足的原因也会让用户的体验大打折扣，如图 1-17 所示。

图 1-16　短视频卖家秀　　　　　　　图 1-17　放心购电商平台

同时，没有电商基因的今日头条，在供应链和品控方面也面临比较大的挑战。此前还有媒体报道称，因为阿里的关系，放心购在头条系中是非常敏感的产品，目前更多的还是为第三方电商平台导流。

对于不乏流量的微信和今日头条来说，商品搜索或许只能是为电商赋能，难以激起太多浪花。想要通过庞大的流量改变电商格局，还是要挖掘自身的优势，用社交和内容的土壤培育出新的电商类型，而不是将传统电商那套生硬移植过来。

3. 正视流量

在电商领域，几乎所有的阿里巴巴友商都成了腾讯的投资标的，而这些纳入腾讯系后得到了微信强力支撑的流量获得者，几乎没有一家真正把电商做到稳健成长。反观一直被遏制，还被社交传播封锁的阿里巴巴却出奇稳定，比任何一家想要颠覆传统格局的电商对手都更健康。

对于阿里巴巴来说，应该也避免不了对流量的渴望，也同样具有快速发展的冲动，但这种冲动却因为竞争对手的遏制而实现不了，等于是在下坡加速的时候有人帮忙踩着刹车减速，看起来不如加油门给力，可结果却是帮了大忙。

在这种情况下，中国的电商里只有阿里巴巴实现了各方面的均衡发展，不仅网站建设方面逐步优化，相关的服务、物流以及管理制度都同步前进，还同时有时间和精力在云计算、地图导航以及金融科技等方面实现同步发展。这些能力如今已经相互支撑完成生态布局，竞争力呈指数级增长。

电商是重服务的，必须要拥有全方位的能力，任何一个环节的疏漏都可能重创客户体验，从而造成客户流失。因此，电商最怕涸泽而渔，在不具备基本条件的情况下硬生生地快速拉客户，几乎等于是自绝后路。

1.2.3 其他分类

电商平台除了按照交易双方分类外,还有其他几种分类方式,表 1-3 是按平台所有权和终端平台进行划分;表 1-4 是按经营品类、销售地域和新兴电商平台进行划分。

表 1-3 按平台所有权和终端平台划分

按平台所有权		按终端平台	
第三方平台	自建平台	PC 电商平台	移动电商平台
天猫、京东	唯品会、华为商城	淘宝	拼多多

表 1-4 按经营品类、销售地域和新兴电商平台划分

按经营品类		按销售地域		新兴电商平台	
综合电商平台	全垂直电商平台	国内电商平台	跨境电商平台	内容电商平台	社交电商平台
京东 淘宝	酒仙网 盒马	淘宝	亚马逊、阿里速卖通、环球易购	小红书 蘑菇街	拼多多 抖音

在了解平台的不同分类后,还需要详细了解不同平台的主营项目,这样有助于选择适合自己的电商平台。

京东商城主要侧重于家电类。淘宝网和天猫商城相似,淘宝是 C2C 商城,是以个人卖产品的网站;而天猫则是 B2C,即企业对消费者,简单说就是商家对个人卖产品。而 1 号店则相当于一个网上的超市,更侧重于生活类的经营。

接下来在确定自己的网店主要经营什么产品之前,还要清楚地了解自己的交易方式到底是什么。

如果主要是 B2B 的方式,建议到阿里巴巴、京东商城或天猫商城网站进行注册,这是目前全国最大的几个 B2B 交易平台,也是当今国内最著名的贸易批发网站。

如果主要是 B2C 的交易方式,那就需要到淘宝网、拍拍等平台进行注册。淘宝网主要是个人零售网店。如果有微信,也可以在微信上进行开店。当然,热门的社交电商——抖音也是一个不错的选择。

案例 选择正确的平台

如果是大经销商,年销售额超过亿元需要开网站,首选建议天猫商城,因为天猫商城的流量相对较大,只要商品质量有保证、价格有竞争力,再加上一年有相应金额的推广投入,会取得较好的销售额。

如果只有几百万的销售额甚至更少,但商品价格具有一定的竞争力,可以选择京东或苏宁。如果商品恰好是电子商品,选择京东或苏宁则更为合适。

如果只希望有几十万的销售额,或者只是抱有试一试的想法,那么淘宝店铺、抖音以及微信小程序都可以试试。

如果现有客户集中在一个区域,比如一个城市,甚至一个更小的区域,那么微信小程序是目前较好的选择。因为微信小程序是微信一个新的生态系统,用户流量刚开始分配,而且小程序可以很方便地被微信用户搜索到,比较有利于与附近用户建立联系。

微信小程序打造的交易流量是当用户搜索相关商品时，相应的小程序就会被搜索到，用户看了商品后知道店铺就在附近，这样更方便用户进店消费。小程序被存在用户的微信中，下次消费时消费者就可以直接下单。用户也可以很方便地推荐给他人，对方通过小程序也可以进行下单。客户在此之前必须到店中才能消费，而现在客户只要在店铺周边，用微信就可以很方便地搜索并找到相应的店铺。这种操作既方便又快捷，同时也为用户节省了宝贵的时间。

1.3　了解电商三大平台的优缺点

作为电商平台的三大巨头，淘宝、京东和抖音在不同方面有着各自不同的优势。淘宝入驻门槛低，京东入驻要求严格，抖音要求一定的粉丝量。那么对于初入电商圈的新手卖家而言，应该选择哪一个平台开店呢？

1. 淘宝

在淘宝开店的入驻门槛很低，卖家开店的压力也相对较小，导致如今淘宝卖家数量极多。卖家在开店前，最好先详细了解一下开店规则。

如今淘宝市场已经趋于饱和，卖家入驻很容易，但要将网店开好却十分困难。装修、推广和刷单对于卖家的网店来说都必不可少，或者直接架设迅潮平台进行微信引流。总之，如何最大化地提高店铺销量，才是最值得淘宝卖家思考的问题，如图1-18所示。

图1-18　淘宝网站平台

2. 京东商城

京东商城不允许个人卖家入驻，入驻需填写公司资料及出示相关证件证明。换言之，卖家是以公司名义为京东商城供货，类似于实体商城的模式。入驻京东商城，卖家需支付一笔入驻费用，卖家可以根据自己的实际情况进行选择。

京东商城的规模相对正规，假货更少。对有着一定实力的卖家而言，京东商城或许会是一个不错的选择，如图1-19所示。

3. 抖音

抖音电商平台是致力于成为用户发现并获得优价好物的首选平台。众多抖音创作者通过短视频和直播等内容丰富的形式，给用户提供更个性化、更生动以及更高效的消费体验。

同时，抖音电商积极引入优质合作伙伴，为商家变现提供多元的选择。与传统电商相比，抖音内容电商的经营模式有着不同的路子，要充分挖掘抖音平台的价值，就需要匹配抖音内容电商业务逻辑的经营模式。这种新经营模式的核心基础是：好内容、好商品以及好服务，如图 1-20 所示。

图 1-19　京东网站平台

图 1-20　抖音平台

除了商品本身的属性影响卖家选择电商平台外，入驻平台的费用也是影响卖家选择的一个因素，下面将针对主流的九大电商平台入驻费进行讲解。

1.4　九大平台入驻收费

选择电子商务平台除了要了解平台的分类和流量外，还要了解其收费情况。

1. 淘宝

入驻费用：保证金 1000 元。

其他相关费用：包括软件费用，如基本折扣、上架、推荐、橱窗软件费用；旺铺费用；店铺模板费用；高级的数据分析软件费用；官方的数据魔方费用以及广告费用等。淘宝仅这一块的收入是相当可观的。

资质要求：身份证正反面、手持身份证的合影照片。此外，还需要一个支付宝账号，满足上述要求，就可以开店了。

2. 天猫

入驻费用：如果注册商标为 R，保证金是 5 万元；如果注册商标为 TM，那么保证金是 10 万元。入驻年费分为 3 万元与 6 万元两档。另外，天猫对入驻技术服务年费是有条件向天猫卖家返还的，返还方法参照店铺评分和年销售额两项指标，返还的比例为 50% 和 100% 两档（不同类目不一样）。

其他相关费用：包括基本的折扣软件费用，店铺模板费用，数据分析软件费用，数据魔方费用以及广告费用等。

资质要求：企业注册资本 50 万元以上（含 50 万元），公司证件齐全。化妆品、食品等类目要有相应的许可证。

3. 京东

入驻费用：保证金 1 万元 ~10 万元。入驻年费为 6000 元（不同类目略有不同）。

其他相关费用：包括广告展位费用以及相应的扣点等。

资质要求：企业注册资本 50 万元以上（含 50 万元），公司证件齐全，化妆品、食品等类目要有相应的许可证。

4. 阿里巴巴

入驻费用：年费为 3688 元，其他费用包括旺铺、模板、直通车以及收费软件等。

资质要求：公司必须是具备法人资格的合法经营的公司或企业。

5. 抖音

入驻费用：入驻免费，需要充值缴纳商品分享保证金 500 元。

资质要求：实名认证；个人主页公开视频大于或等于 10 条；粉丝量大于 1000。

6. 唯品会

唯品会电商平台属于特卖模式，没有入驻费，但需要有相应的扣点（品牌不同扣点不同）。

资质要求：公司必须是具备法人资格的合法经营的公司或企业，青睐国际名牌和中国名牌，或者已获得中国驰名商标、国家免检产品等称号的生产商、授权总代理商、授权总经销商、分公司、分支机构和驻中国办事处。

7. 当当网

入驻费用：保证金 1 万元 ~10 万元。入驻年费为 6000 元 ~3 万元，有相应的扣点（不同类目不一样）。

资质要求：公司必须是具备法人资格的合法经营的公司或企业，并且证件齐全。

8. 1 号店

入驻费用：保证金 1 万元 ~5 万元。其他费用包括平台服务费以及相应的扣点（不同类目不一样）。

资质要求：企业注册资本 50 万元以上（含 50 万元），公司证件齐全。

9. 聚美优品

入驻费用：保证金 1 万元 ~5 万元，有相应的扣点（不同类目不一样）。

资质要求：公司必须是具备法人资格的合法经营的公司或企业。

1.5　创业活动——学生选择开店平台

根据前面所学内容，学生根据销售的商品，选择适合自己的开店平台。

1.5.1　创业故事——大学生网上创业始末

不知不觉，在这个行业已经有三年时间了，就是这三年的时间，让我从一个完全不懂互联网的大学生蜕变成了一个负责电商 B2B 的产品经理，又一次从 0 到 1 开设了一条产品线，在设计的过程中让我不停地回忆起当初创业时的种种情景。

2012 年 9 月，那一年我刚刚进入大学，不能说对互联网一无所知，但也只是知之甚少。除了会用 QQ 和微信聊天以外，比同龄人了解更多的无非就是如何用携程、艺龙预订房间，如何通过 12306 买个车票罢了，那时候的我从来都没有想过有一天会做一个属于自己的网站。

记得刚刚上大学那会，我们的学校是一个完全封闭式的军事化管理大学，有人笑称堪比军事学院。那时候的我始终沉迷于 LOL（英雄联盟）游戏，每天除了上课以外几乎都会把大把的时间投入游戏中，但是每次放学后去餐厅排队打饭则让我无比头痛，有的时候我们打电话从校外订餐，但伴随着学校加强校外人员的管理，我们就无法再校外订餐了，有的人甚至买个泡面就回寝室打游戏，直至现在我都无法理解游戏对大学生的诱惑为什么这么大！

有一次生病，三天没出寝室，室友帮我送了三天的饭，就是这样的一个经历让我萌生了一个帮人送餐的念头。那时候考虑了人员问题，还去咨询了一些老师，最后在一个导师的带领下走进了互联网。

就因为一个中午打游戏，延伸出了吃饭、送餐等需求，更延伸出了我的第一个创业计划——校园送餐网站。

有的问题并不是一定要依靠产品解决，那时候我不懂什么是需求，也不知道什么是产品，更不知道做一个网站需要什么，我就知道想到的东西马上就要去做。于是在导师的支持下，一名技术人员、一名美工人员和我做出了一个校园网站。超初我们只是在以校园咨询等为主的页面上开设了送餐的模块，页面很简单，功能很简单，流程也很简单。但就是这样的一个简单的网页，让我在短时间内收获了校园 30% 的学生用户，日活超过 80%，周末更高，并持续增加！

记得第一次与技术人员见面的时候，那个逻辑性极强的技术人员问了我一系列的问题，而我的回答没有一条让他满意。

问：我们为什么不增加在线付款？

答：我整个班级都很少有网购习惯。

问：货到付款，学生不要了怎么办，损失谁来出？

答：我相信不会出现买了不要的情况。

问：送餐时间慢了怎么办？

答：不存在送餐时间慢的情况。

问：为什么不增加投诉功能？

答：不需要投诉……

类似这样的问题一大堆，我当时真的不知道做一个网站要考虑这么多的东西，无论是线上还是线下抑或是设计逻辑，都要思考。也多亏当初的那个技术人员在帮我，不然我寸步难行，但是最后还是按照我的想法去做了。不过在之后的运营过程中，我们也渐渐发现：学生真的不会订餐后退货，而且学生很少用线上支付，他们脑海里也根本没有投诉这个概念。

所以，并不是每个人都可以像互联网从业人员一样去使用互联网产品，使用者拥有使用思维，而我们不能让产品设计逻辑凌驾于使用逻辑之上，需要大胆尝试。

记得网站刚运营那会，最忙的就是中午送餐，我要让没有课的学生来代替送餐员，以较低的劳动成本组建了一个配送团队。有时候我自己也会给学生送餐，那时候只觉得做了一件有意义的事情，并没有想到可以拿这个东西去赚多少钱，但是一个偶然的机会让我改变了这个想法。

我每次打游戏的时候都喜欢喝饮料或者吃东西，这个习惯持续了好多年，并且寝室的一些人多少也都有相同的习惯，要么喝饮料要么吃东西。有一天晚上，寝室没饮料了，也没吃的了。大家都很饿，寝室长就玩笑般地说了一句"让你那个网站送点吃的来"。就是这样的一句话，让我陷入了思考，该不该让我的网站来卖其他的零食。

我把这个想法和技术人员说了，他告诉我行不行试试就知道了。但那时候没有资金，也没有资源，东拼西凑筹了几千块钱，尽可能多买一些大家经常吃的零食，技术人员也开始搭建商城模块。依然是按照我的想法，最简单粗暴的页面展现——图片、名称、价格、规格以及描述等通通都没有！因为这些东西都是大家经常购买的，看价钱潜意识中就会知道是什么东西。

商城功能的上线让我彻底手忙脚乱起来，因为那几千块钱的东西仅仅两天就全部卖没了。我们不得不加大采购量并且让配送的学生从一天两次增加到一天三次，那时候的我们每天都在为采购焦头烂额。我们起初采购量很小，不配送的时候就自己骑电动车去买，往返二十公里的路程，一天可能要跑三四趟，早上七点多开始，一直要忙到晚上十一二点。我们用五百块钱一辆的价格买了三辆二手的电动车，每个电动车只够往返一次就没有电了，骑完一次就要立刻充电。就是这样的一个痛并快乐的过程，让我与网站共同成长起来。

第三次转变，成功？失败！

伴随着送餐、商城，我们的网站逐渐地进入了一个稳定期，每天的用户数量也保持在一个稳定的水平。学生市场的互联网产品，大学生的习惯一旦养成，一般来说在整个大学期间都会是你的忠诚用户，这一点毋庸置疑。

经过一个暑假后，大家再次返校的时候，我计划了网站的第三次蜕变——加入兼职模块。在这个假期中，听到最多的就是大学生假期打工被骗的新闻，这让我萌生了做校园兼职网站的想法。我找到了学院就业办的负责人，并且和他达成了合作，由就业办的人来为我们提供兼职资源，我们再将资源无偿提供给学生。

伴随着更多的学生在网站注册，我们也在思考如何为更多的学生服务。在我憧憬着美好未来的同时却发生了一件事使得我们不得不将网站叫停。也许是因为网站及我们自己采购的做法直接触及了校内某些超市的利益，也间接影响到了一些人的利益，在不情愿的情况下我们停止了网站的运营。停止运营前一天，我和技术人员还有美工人员及所有帮助我们配送过的学生一起聚餐，宣布项目解散。为每一个到我这里勤工俭学的学生发了两倍于他们薪水的红包，对支持我们的人表示感谢，并让他们帮忙把所有剩余的零食发给所有曾在我们网站上购物的朋友们，并且附上一张道歉的卡片，完成了我们的最后一次送货任务。而在我说出再见时，好多学生都哭了出来，眼泪也在我的眼里打转，但是却无可奈何。

当我们在自己的贴吧宣布停止运营的那一刻，我们每个人的心情都很低落，面对贴吧上学生们各种各样的问询，我们能做的只能是以复制粘贴的方式回复给大家："这次维护后我们终将永别，感谢大家一路相伴。"

1.5.2 技术引进——电商定位、确定品类

在消费品销售中，无论是零售还是批发，最基本的概念和原则就是供求关系。同一种商品可能属于多个不同类目，为商品确定合适的品类，有助于企业找到更利于自身的供求平衡。

1. 四种网上选品工具

电商在确定商品品类时，可以利用网上选品的工具，了解不热门但销量很高的产品。

网上常用的选品工具主要有四种，分别为统计数据、B2C 平台、B2B 平台以及蹿升快的产品和卖家，如图 1-21 所示。

图 1-21 淘宝搜索排行榜

（1）统计数据。

从淘宝搜索排行榜可以看出，淘宝占网上零售的份额超过三分之二，淘宝上的热销类目对其他 B2C 平台有强烈的引导作用。企业即便不在淘宝开店，也应该经常性地参考淘宝的数据魔方，其相关数据能够彰显出购买人群的年龄、受教育程度、区域分布、偏好特征等，对企业做类目定位有很高的参考价值。

（2）B2C 平台。

密切关注各个 B2C 平台近期主推哪些类目，这对企业选品既有非常好的参考作用，也有借势搭车的效用。

（3）B2B 平台。

电商需要关注各个 B2B 平台是如何配置类目的，以及首页如何分栏等。

（4）蹿升快的产品和卖家。

蹿升最快的产品和卖家就是风向标，无论是 B2B 还是 B2C，尤其是淘宝每年的新锐品牌和卖家更值得关注，以提升找到类目配置的感觉。

图 1-22 所示的是数据魔方图，使用数据魔方图首先可以确定品类，提供一些工具和品类的定性配合，其次算出品牌年度环比销售额增长，最后给客户找到两个选择，一种是在最大市场份额中切出一个细分，另一种是在增长速度最快的里边找到一个细分。

用好数据魔方，可以清楚地判断行业的整体趋势、价格分布等，从而总结出有助于企业经营的经验和规律。

图 1-22 数据魔方图

2. 五类网上必火的产品

（1）冷门产品。

冷门市场在实体经济中很难赚钱，例如大码女装这种冷门的产品，但是借助网络平台便可以大量汇聚需求，如图 1-23 所示。

（2）独家产品。

企业能拿到相对稀缺的货源，便有议价能力，直接买断货后用垄断货源的方式带来流量。

带来流量之后,在其他产品的搭售上实现利润,这也是零售中最常用的方法。如图1-24所示的是山西老乡的农家土特产。

图1-23　大码女装产品

图1-24　山西老乡的农家土特产

(3) 创新产品。

创新产品和赶档期的产品都是网上比较火的,如图1-25所示。在儿童玩具变形金刚的创新产品销量图中,变形金刚的电影一上映,相应地就有玩具等周边产品上市,此时投放广告的效果也是最好的。

图1-25　变形金刚产品

图1-26所示,由于节日非常多,每一个节日其实就是一个零售热点。季节变化、节日来临、最新流行风尚变化都是可以赶档期的。

图1-26　节日产品

(4)特色产品。

不是每个产品都能像服装那么时尚,但是很多产品的设计都可以看出其当时的特点。比如,一个电视购物节目把一个特别大的微波炉作为卖点,把一条鱼放在一个细长的鱼盘上,放在微波炉里,成为国内唯一一款可以整鱼加热的微波炉。还有小熊系列电器,利用重新组合切分出一个早餐电器市场,从而方便地帮忙碌的人们准备好早餐,如图1-27所示。

(5)定制产品。

定制产品通常卖得相对较少,主要体现在个性化和家庭化产品上,是独此一份的。

可以定制的个性化产品,常常可以在某种程度上为买家带来增值服务,也很容易吸引买家。如在商品上按照客户的要求刻上相应的文字或是印上相应的照片。这项服务在实体店是很难做到的,这样也会汇聚一些买家的需求,如图1-28所示。

图1-27 小熊电器特色产品

图1-28 定制产品

课堂练习 写项目计划书

根据所学内容,学生撰写项目计划书,介绍项目的内容、网站概要、投资安排、网店基本情况、网店的宗旨以及网店的简介,如表1-5所示。

表1-5 项目计划书

项 目	内 容	备 注
网站概要		
投资安排	5万	
网店基本情况	网店名称	
	网店地址	
	网店注册人	
	电话	
	E-mail	
	地址	
	网站性质	
	网站的主营产品	
网店宗旨		
网店简介		

1.5.3　任务实施——学生选择开店平台

1. 活动内容

（1）学生根据前面所学内容，给自己的店铺做好品类的定位。
（2）选择店铺主营商品的品类。
（3）选择一个创业平台。

2. 活动要求

（1）学生分组讨论，选择并确认本组店铺将要入驻的电商平台，并根据团队资源确定经营商品的种类。
（2）在选择产品时需要规避以下四类产品：
- 杂牌伪劣品；
- 需求不足的商品；
- 价格作乱的产品；
- 单次成交毛利较低的产品。

3. 活动评价

（1）商品评价：
- 商品是否符合学生身份；
- 是否具有时效性；
- 是否能获得一手资源。

（2）平台评价：
- 平台是综合类还是垂直类；
- 平台进驻是否收费；
- 平台流量是否足够。

1.5.4　举一反三——选择创业项目

根据前面所学内容，参考如图 1-29 所示某师范学校创业项目，学生选择一种创业项目。

图 1-29　某师范学校创业项目

1.6 本章小结

本章着重介绍了电商平台以及产业链的相关知识，针对产业链的概念和本质、电商产业链以及如何选择创业的电商品类；选择合适的电商平台、电商平台的分类；电商三大平台的优缺点以及九大平台入驻费展开讲解。同时，设计制作了相应的任务，针对创业活动完成任务，可以使学生充分理解并掌握选择开店平台的相关知识。

1.7 课后习题

完成本章内容学习后，接下来通过几道课后习题测试学生的学习效果，同时加深学生对所学知识的理解。

1.7.1 选择题

1. 产业链的本质是用于描述一个具有某种内在联系的企业群结构，它存在两个属性，分别是（　　）和（　　）。
 A. 产业属性　　　　B. 结构属性　　　　C. 价值属性　　　　D. 关联属性
2. 下列选项中，（　　）属于电子产业链的组成部分。
 A. 上游供应商　　　B. 中游供应商　　　C. 电商　　　　　　D. 物流
3. 交易的双方都属于商家性质，同时这类电商平台主要是对商品进行批发和分销。以上描述属于电商平台的（　　）类型。
 A. B2C　　　　　　B. B2B　　　　　　C. C2C　　　　　　D. O2O
4. 下列选项中，属于可以个人入驻的电商平台是（　　）。
 A. 京东　　　　　　B. 亚马逊　　　　　C. 淘宝　　　　　　D. 唯品会
5. 下列选项中，属于综合性电商平台的是（　　）。
 A. 小红书　　　　　B. 蘑菇街　　　　　C. 淘宝　　　　　　D. 京东
6. 产业链的本质是用于描述一个具有某种内在联系的企业群结构，它同时具有（　　）和（　　）两种属性。
 A. 产业属性　　　　B. 结构属性　　　　C. 价值属性　　　　D. 关联属性

1.7.2 填空题

1. 电商平台按照类别划分可分为_____、_____、_____和_____。
2. _____平台是商家面向消费者，表现形式是零售类的电商平台。
3. 通常说的网站流量指的是网站的_____，是用来描述访问一个网站的用户数量以及用户所浏览的网页数量等指标。
4. 国内电商平台的三大巨头分别是_____、_____和_____。

1.7.3 创新实操——选择并分析产品链结构

根据本章所学内容，参考图 1-30 所示项目，学生选择自己感兴趣的产品，并分析产品的产业链结构，找出产品的优势和利润点，从创业的角度选择适合销售的平台。

图 1-30　易拉罐定制项目

第 2 章　店铺品牌定位

很多创业者都知道，想要店铺生意好，店铺就要有一个好的定位。有些人认为店铺定位就是定店铺的位置；也有些人认为店铺定位就是搞装修；更有些人认为店铺定位就是定价格、定商品等。店铺定位到底是什么呢？本章聚焦了店铺定位的概念；网店的店铺定位；打造店铺品牌；品牌调性以及视觉锤与语言钉等相关知识，系统介绍了店铺品牌定位的相关内容，帮助学生从实践的角度理解店铺品牌定位。

2.1　什么是店铺定位

店铺定位是店主在决定销售哪种产品之前就需要考虑的事情，一个什么都没有的新店，想要换类目还是可以的；但是随着时间的推移，店铺慢慢做起来了之后，如果想更换产品类目，那影响就很大了。自从出了千人千面系统后，淘宝比较倾向于精致的小店铺，也就是类目产品风格全部统一的店铺。那么，我们就从以下几个方面来进行店铺定位的讲解。

1. 明确自己的顾客群体

明确自己店铺的目标顾客是开店前需要考虑的前提条件，只有了解目标顾客的消费水平、生活习惯等才能准确地分析出顾客的需求，店铺才能针对顾客所需，更好地为顾客服务，增加顾客对店铺的好感和满意度，如图 2-1 所示。

图 2-1　顾客群体示意图

如果目标顾客是收入较高的上班族，这类顾客消费能力高，追求时尚，对产品的质量、店铺环境、卫生和服务更加看重。可若目标顾客是学生，他们经济来源有限，消费能力低，更多地喜欢在一些小餐馆、小商店消费。另外，还有老人和工人等，由于生活习惯的不同，他们的消费理念也有很大的差别。

案例 考虑目标顾客的消费能力

大学期间，学校商业楼有一间咖啡馆，客单价为30元，虽然装修温馨可爱，但也就开业时会有些学生进店消费，后来几乎就没人光顾了。是这家店产品不行？原因只是学生们觉得太贵喝不起。

后来老板关闭了咖啡馆，改为卖酸梅汤、柠檬水的饮品店，客单价10元以下，反而生意兴隆。

2. 能给顾客带来什么价值

开店并不是单纯为了赚钱，店铺想要生意好，就要满足顾客的需求，换句话来说就是店铺能给顾客带来什么好处。

比如，便利店和超市，超市的产品比便利店多，质量也要好，甚至有时价格更低，但便利店却越开越多，为什么？因为便利店能让顾客少走一段路，对于顾客来说，购物更快、更方便。换而言之，方便、快捷就是便利店给自己的定位，如图2-2所示。

图 2-2 顾客群体示意图

为了能更好地给顾客提供一些需求价值，开店老板在给自己的店铺定位时，需要了解顾客需要什么，想要什么，店铺需要怎么做才能满足顾客的需求，始终要为顾客的利益考虑，才能达到一种双赢的状态，也就是说店铺赚钱、顾客受益。

3. 不能随波逐流

有些老板开店，喜欢追逐潮流，看到别人做这个赚钱，就做这个；后来看到别人做那个赚钱，又做那个，这是赚不了钱的。

开店虽然不是一定要从一而终，但也不能轻易地更换项目。开店想要生意兴隆，主要是依赖老客户（特殊的地段除外），而老客户需要一定时间的积累。店铺的每一次变动，都会损失一部分老客户，经常变动的店铺是很难积累人气的。既然确定了店铺定位，就不要轻易更改。

2.2　网店的店铺定位

对于网店来说，精确的店铺定位，意味着可以在产品高度同质的竞争中突出重围，聚拢一批精准的、高质量的用户群体：当他们对这一类产品或服务有所需求时，就会首先去这个店铺浏览查看。如此一来，"如何定位"新开的店铺，也就显得异常重要了。

案例　选择不同，结果不同

如果一家公司给你的薪资待遇是每个月 1.2 万元，另一家公司给你的薪资待遇是每个月 7000 元（公司性质都一样，都是做电子商务），其他的假期等都差不多，你会选择哪家公司呢？

我的一个朋友选择了 1.2 万元薪资的工作，另一个选择了 7000 元薪资的工作。也许很多人都在想，既然其他待遇都差不多，为什么不选择工资高的呢？先不说他们各自选择的理由，只看两个人最后的结果，高工资的那个人待了不到三个月就离职了，拿 7000 元的那个人不到三个月就升职加薪了。

从以上的示例可以看出，很多时候不要因为工资的高低来衡量一份工作的价值，要看的是这个公司能给你带来的是什么，你能在这个公司发展到什么地步，还有一点就是公司的环境怎么样。

一个氛围活跃的公司是可以给人带来更多正能量的，同时还能激发人们的潜能。

对于中小卖家而言，如果商家的产品较为常规，那么店铺定位可以在有一定数据基础之后再进行。如果商家选择的产品本身就极具卖点，那么商家可以在开店初期就确定好目标人群。了解一些店铺定位的思路，可以让商家"稳""准""快"地定位目标人群。

你知道你的客户是谁吗？你知道你的客户群体具体是什么样的一群人吗？针对竞争对手，如何才能做出差异化？接下来就从以下几点进行分析。

2.2.1　从目标群体着手定位店铺

商家首先要了解自己的客户是谁，找对了目标客户群体，商家才可以更好地定位店铺的整体风格，甚至首页的风格、产品描述的方式以及详情页的设计，这些都是需要基于客户人群定位决定的。

例如，近年来很流行的汉服元素服装，图 2-3 所示为某一汉服店铺，该店铺的目标群体就是年轻女孩，爱美的、喜欢汉文化的人群。

这样的定位直接决定了店铺的整体风格走向。店铺的整体风格也是以清新淡雅古风为主，选用了充满了青春活力的女模特拍摄。从服装设计裁剪到整体店铺呈现的风格意境，都给人眼前一亮的感觉，让人过目不忘，这就是店铺定位。

图 2-3　某汉服店铺

买家在淘宝中逛一圈会不难发现，让买家能够记住的店铺都是"性格鲜明"的，甚至从产品包装、首页和详情页等细节都完美契合目标人群的喜好。图 2-4 所示为某零食品牌店铺。

图 2-4　某零食店铺

要想给店铺定位,首先就要找准目标客户。所谓目标客户,是指营销者根据商品的性质而设计的客户方向。在运营的过程中,正确地找到了卖家的目标客户,这样就开启了实现业绩的大门,如图 2-5 所示。

图 2-5　目标客户画像

2.2.2　提取目标客户

提取目标客户的方法很简单,一般来说,目标客户具备以下几个特征。

1. 刚需用户

刚需用户是对卖家的产品有迫切需求的,而这种需求是市面上其他产品以及其他种类产品所不能满足的。例如,汉服就明显区别于市面上的其他女装风格。同样的还有服装类目的某韩服的商铺,也是抓住了客户对韩范儿服装的购买需求,如图 2-6 所示。

图 2-6　某韩服店铺

2. 有经济基础的人群

有经济基础的人群持续发展潜力巨大。例如，上班族的网购水平比老年人的发展潜力大很多。这就是为什么同样是卖大众化的零食产品，某零食店铺的整体风格要更加活泼和年轻化，如图 2-7 所示。

图 2-7　某零食店铺

3. 购买产品基数大的客户

这类适用于前期一直有销售但没有做定位的店铺，可以通过对购买过的客户群体进行数据分析，确定店铺的目标人群以及店铺的优势后，再进行店铺定位，如图 2-8 所示。

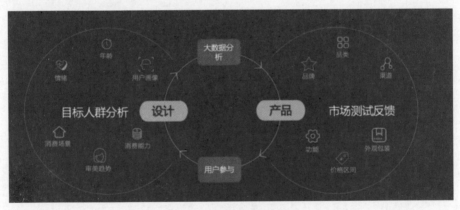

图 2-8　客户群体分析图

2.2.3　店铺精准定位

找到目标客户就明确了店铺的整体目标群体的年龄、爱好、特点和性格等，接下来就可以对店铺进行精准定位了。

1. 了解需求，定位客户

需求是客户的最原始动机，也就是客户想要什么，卖家就挖掘出来并提供给客户。

客户的需求大致分为两种：一种是解决痛点，就是客户迫切希望解决的，例如生鲜水果类目的店铺，主要解决的是新鲜好吃的问题；另一种就是给客户带来愉悦和满足感的，例如女装类目的店铺定位。

2. 针对客户，定位产品

卖家的店铺定位也可以从以下两点出发，一是考虑自己的产品，能够帮助客户摆脱或减轻哪一种痛苦，哪一群人正在经受这样的痛苦，他们痛苦到什么程度。二是自己的产品，能够帮助客户获得或提升哪一种自我的满足，哪一群人渴望获得这一种满足，他们有多大的渴望。

从以上两方面着手，就能确定自己的店铺风格，对目标人群对症下药，快速找准店铺的定位。

3. 完美统一，定位装修风格

店铺的风格可以针对不同年龄层次的人群去装修，当然也需要在目标人群确定的情况下完成。例如，玩具要以儿童喜欢的风格为主，女装要更女性化，户外产品则要更酷一些等。

> **案例** 店铺定位，结果不同
>
> 图 2-9 和图 2-10 所示的商家都是以板栗食品为主的，但是可以发现月销量的情况完全不同，甚至有近十倍的差距。

图 2-9 某板栗店铺一

图 2-10 某板栗店铺二

做过该类目产品的运营应该可以了解到，板栗店铺二的成立日期要比板栗店铺一的时间早两年，且资源也要比第一家的好。在天猫上成立的时间久一些，与小二也见过面，也有聚划算资源。

当然，很多时候不是说开店的时间久，资源就一定好，只是这两家相比较而言，板栗店铺二的资源是比板栗店铺一开始的时候要好些。可随着时间的推移，最后的结果告诉我们的是，后来者居上了。

导致这两家店铺出现差距的就是"店铺定位"，只有店铺定位明确了，才可以朝着一个方向去发展，才能形成产品的"聚焦效应"。如果一款商品都做不好，卖家就不要浪费精力、浪费金钱去做其他的。

当然，无独有偶！有些时候也会存在一些特殊情况，有的店铺明明不是以某个产品为主的，但销量却比只卖这款商品的店铺要高出很多，不用去纠结，因为卖家的品牌、老顾客、广告以及口碑等都已经做得很到位了，基本上是没有什么可比性的，所以还是要具体问题具体分析，如图2-11所示。

图 2-11　三个店铺对比图

2.3　打造店铺品牌

如今，电商行业的竞争非常激烈，以淘宝为例，平均每天就有数千家店铺开张。过去那种只要开个网店就能赚钱的时代早就一去不复返了，因为无论是竞争环境、媒体环境，还是消费者的消费模式、认知模式都已发生了非常大的变化。在众多的店铺中如何升华自己的店铺、打造品牌以及提升点击率，是每一位电子商务从业人员需要注意的问题。

2.3.1　品牌调性

品牌调性是基于品牌的外在表现而形成的市场形象，从品牌人格化来说，等同于人的性格。

品牌调性并不显化，常常隐匿于具体品牌表现之中，但品牌调性对品牌成败的影响程度远远超出常人想象。品牌调性如果违背了行业属性，这个品牌就注定无法走得更远，这个规则由自由市场制定，不会因个人想法而转移。

> **案例**　"毛菇小象"的品牌调性
>
> "毛菇小象"是在淘宝上面名列前茅的女装店铺。服装主要定位在欧美风，包括模特都是一样走欧美路线。它的英文名字叫作"SMALL LIKE"，中文解释就是"小象"。它给人的品牌调性就是自由、个性、洒脱、青春以及活力，这种品牌调性就是通过店内设计、服务和产品等多方面传达出来的。

品牌调性的内涵可以分为品牌属性、品牌个性、品牌文化、品牌价值和品牌使用人群。

1. 品牌属性

品牌属性指的是一个品牌首先给消费者带来的特定属性。例如海尔品牌表现出的质量可靠、服务上乘和"一流的产品，完善的售后服务"，这些都为其成为中国家电第一品牌奠定了成功的基础。图2-12所示为海尔品牌广告。

2. 品牌个性

品牌个性是消费者在认知品牌中所具有的人格特质，由真诚、经典、能力、刺激和粗犷五个维度构建，如图2-13所示。

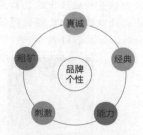

图 2-12 海尔品牌广告　　　　图 2-13 品牌个性 5 个维度

塑造品牌个性之所以有效，其原因在于消费者与品牌建立关系时往往会把品牌视作一个形象、一个伙伴或一个人，甚至会把自我的形象投射到品牌上。一个品牌个性与消费者个性或期望个性越吻合，消费者就越会对该品牌产生偏好。广告代言人和卡通形象等都可以用来塑造品牌个性。

3. 品牌文化

品牌文化是指通过赋予品牌深刻而丰富的文化内涵，建立鲜明的品牌定位，并充分利用各种强有效的内外部传播途径使消费者高度认同品牌，创造品牌信仰，最终形成强烈的品牌忠诚。

4. 品牌价值

品牌价值是品牌管理要素中最为核心的部分，也是品牌区别于同类竞争品牌的重要标志。品牌价值主要在于"价值"二字身上，品牌具有使用价值和价值两种属性。品牌具有货币金额表示的"财务价值"，以便用于市场交换。

5. 品牌使用人群

品牌使用人群又称品牌决策者，是指厂商在决定给其产品规定品牌之后，下一步需要决定如何使用该品牌。

一个店铺如果可以做成品牌，好处不言而喻，但是前提是要保证货源一流，没有质量问题，能在客户心中留下一个好的形象，并逐渐形成品牌。品牌的建设并非一朝一夕，而是需要长期的沉淀和口碑的累积。

2.3.2 视觉锤与语言钉

常会听到从事电子商务行业的人员抱怨："为什么顾客总是记不住我的品牌？"

在品牌传播的世界中，想让顾客轻松记住你的品牌，很明显，视觉传播比文字传播更有力量。美国营销大师劳拉·里斯（Laura Ries）说过，要用视觉形象这把锤子，把你的语言钉子植入消费者的心中。

1. 知识链接——劳拉·里斯

视觉锤的概念最初是由美国公认的新一代营销战略大师劳拉·里斯提出的。她为全球《财富》500 强企业提供品牌战略咨询服务，图 2-14 所示为劳拉·里斯及其著作。

如果将品牌和目标受众比作两块木板，定位是形成较强关系的一个钉子，而最有效的工具是视觉，最有效的敲打工具便是视觉锤。

尤其是在视觉时代，抢占消费者心智的最好方法并非只用"语言的钉子"，还要运用强有力的"视觉锤"。视觉形象就像锤子，可以更快、更有力地建立定位并引起顾客共鸣。视觉形象和语言信息的关系好比锤子与钉子：要用视觉形象这把锤子，把你的语言钉子植入消费者的心智中。

图2-14　劳拉·里斯及其著作

在品牌传播的世界，当图文共同出现的时候，多数人会选择眼见为实、先看图片。视觉传播比文字传播更有力量，那么如何让你的品牌第一眼就被客户记住，并且永生难忘呢？你需要的就是一把强有力的视觉锤。

2. 视觉锤

"品牌定位是一个语言概念，是钉子，将这个钉子钉入消费者心智中的工具就是视觉锤"，这就是视觉锤的概念。也可以把视觉锤理解为把语言钉（定位概念）钉入消费者心智中的工具。简单地说，视觉锤是指一个可用于品牌识别的视觉非语言信息。

视觉锤的形式十分广泛，几乎所有视觉元素都有可能成为视觉锤。如果你的品牌拥有一个视觉锤，那么你的品牌将更容易成长为强势品牌。

案例　分析成功运用视觉锤和语言钉的品牌

农夫山泉属于瓶装矿泉水品牌，其语言钉为"天然"，视觉锤为群山中的一片泉水，其品牌Logo如图2-15所示。

海飞丝属于洗发水品牌，其语言钉为"去屑"，视觉锤为洗发前后头发的对比图，其品牌Logo如图2-16所示。

图2-15　农夫山泉品牌Logo　　　　图2-16　海飞丝品牌Logo

美拍属于短视频平台品牌,其语言钉为"短视频",视觉锤为一个带有播放按钮的摄像机,其品牌 Logo 如图 2-17 所示。

黑人牙膏属于牙膏品牌,其语言钉为"亮白",视觉锤为露着洁白牙齿的黑人,其品牌 Logo 如图 2-18 所示。

图 1-17　美拍品牌 Logo　　　　图 1-18　黑人牙膏品牌 Logo

视觉锤的两大基石分别是品牌识别和非语言信息,少了任何一块,就不能称之为视觉锤。

(1)品牌识别。

品牌识别不是一个新鲜词,但是许多人对"品牌识别"的理解很狭隘,认为品牌识别就是指 Logo。虽然 Logo 确实是品牌识别的载体之一,但却不是唯一。任何可以被消费者直接关联到所属品牌的信息,都可以视作品牌识别。

例如,LV 的棋盘格;迪奥(Dior)的藤格纹;香奈儿(Chanel)的菱格以及巴宝莉(Burberry)的方格子条纹等,它们不是 Logo,却是一眼就能认出来的品牌识别,如图 2-19 所示。

图 2-19　品牌识别

品牌名并不是视觉锤,这是因为品牌名属于语言信息,主要对于认识这门语言的人而言。而"视觉锤",是一个非语言信息。

(2)非语言信息。

信息分为两类,一类是语言信息,另一类是非语言信息。因此,用户从视觉和听觉两个方面区分四类信息:视觉语言信息、视觉非语言信息和听觉语言信息、听觉非语言信息,如图 2-20 所示。

图 2-20　语言信息和非语言信息

案例 区分非语言类信息和语言信息

你走在一条陌生的马路上,忽然远处传来了"救命!救命!"

其中,同时包含了听觉的语言信息和非语言信息。"救命"是你能理解的语言信息,意思是有人受到生命威胁,正在求救。

那么其中的非语言信息是什么呢?是你通过音色、音调和语速等读取到的信息。听起来是女孩子,带着哭腔,好像很着急和很害怕。

当然,如果你不懂"普通话",这个女孩虽然同时传达了两类信息,但你也会收到其中的非语言信息。

然后你跟着声音的方向走去并转过街角,你看到这样一个情景:

一个女孩被两个壮汉绑了起来,表情痛苦不已。周围有10多台专业摄像机,一个戴帽子的男人正坐在监视器前指挥左右。墙壁的最高处悬挂了一个巨大的横幅,拍摄中请保持安静。

你从横幅上获取并理解了视觉的语言信息,也看清了现场的情况(视觉非语言信息),确信他们是真的在拍摄,那个女孩并没有危险,于是悄悄离开了。

只要你稍微留心,就会发现这四类信息并不难区分,只是我们平常忽略了这个层面的思考而已。

理解什么是"非语言信息"很重要,学会把"非语言信息"和"语言信息"剥离同样重要,这是大家去审视和创作"视觉锤"的基础。

有些学生可能会觉得文字就是语言信息,图片则是非语言信息,这个也不是绝对的。文字本身是可以成为"视觉锤",但需要搞清楚,使之成为"视觉锤"的,不是语言含义,而是蕴含其中的非语言信息,可能是颜色,也可能是独特的字体。

香港著名设计师陈幼坚先生当年为可口可乐设计中文 Logo 的时候,沿用的正是这种字体的"格式感",如图 2-21 所示。

图 2-21　可口可乐中文 Logo

图 2-2 所示的是维他命(维生素旧称)水包装,维他命水的瓶子是相当醒目的饮料包装瓶,它们甚至让用户想起药店货架上一排排的处方药,而这正是"维他命"饮料的概念。

图 2-22　维他命水包装

维他命水的视觉锤是什么呢?是包装吗?不是,包装是它的视觉锤的载体。那真正的非语言信息是什么呢?它是几种元素的组合,这种组合的特性形式,最终形成了消费者大脑中盘旋的"像维他命一样"的意识。

2.4 创业活动——汇报并总结店铺定位

根据前面所学内容，学生根据自己销售的商品，汇报展示自己的店铺并总结自己的店铺定位。

2.4.1 创业故事——说说我的第一次创业

2009 年我开始了第一次创业，和很多人一样刚开始都想得很美好，但做起来总会遇到很多棘手的问题。我第一次创业选择了服装类目，选择服装类目的原因是我家族都是做服装生意的，具有一些先天的优势，到现在仍然有很多亲戚都是开着服装厂的。当然第一次创业也不可能跟那些工厂合作，所以我选择了一件代发性店铺，这样不用承担库存，卖一件拿一件。广州有一个很大的代发市场，那里的货很便宜。大概做了半年，店铺一直都是保持盈利的，当然那段时间具有流量红利以及竞争小等一些优势。唯一的缺点是产品质量差，导致店铺的动态及评价都是相当低的，当然这些指标都是需要计入店铺搜索权的。

一段时间后我还是选择放弃了这种模式，这种模式长远来看肯定是不行的。所以我选择了组货，包括拍摄、作图、推广以及营销全部由自己来做。我跑遍了整个广州的服装市场，拍摄和上架花费了一个月的时间。我感觉速度还是很快的，这些也要归功于我是设计类专业毕业的学生。

当然，自己组货肯定要自己进货，同样也要承担库存。第一次进了大概 5 万元的货，半年下来库存还压着 3 万。当时我觉得很累，但还是死死地坚持着，因为不甘心。坚持到 2010 年时，我还是放弃了。这一段惨痛的经历让我不堪回首，其中的苦辣辛酸只有自己才能够体会。

因为自己本身是设计出身，更早之前还做过广告设计和平面，所以对视觉这块我还是非常有信心的。之后我加入了某一公司，这家公司是我学习和成长最快的一个地方。我看到了团队做电商，这种凝聚力和执行力都让我感到非常震撼，把之前一些失败的经历全部忘记了，给我的只有满腔的激情和热血，第一年是非常成功的，包括我自己也成长得非常快。完成了从设计到运营的蜕变并且在 2011 年拿下不错的业绩。

2016 年，由于家里的一些原因我离开了广州回到一个二线城市，可能是由于之前的一些经历，老板很信任地叫我带着一个 20 多人的小团队去做一个家居类目，由于产品本身复购率低和类目的需求小等因素就放弃了。

2018 年，我来到了杭州，在这里真正开始了我的梦想。我可以毫无顾虑地做一番大事。我目前在杭州一家电商公司里负责一个男装项目，并且已经做了半年了，感觉整体效果很理想，做到男装 TOP 100 应该不是难事。

下面就结合这些经历来谈谈创业吧。

现在大家都知道电商创业一定要具备的大条件，经过细化，具体有以下几点。

1. 供应链

需要具有价格优势和货款结算优势；产品需要具有可开发性、质量保障性优势。

（1）成本价格低的产品，毛利可以相对的高，就目前淘宝内部推广费用而言，低毛利的产品很难支撑整个团队或个人运营。

（2）货款结算的周期长短对于一个公司或个人非常重要，这决定着这个公司或个人的资金流转，所以货款结算的周期尽可能长一点。

（3）产品最好具有可开发性，老客户不可能买一成不变的产品，要做好客户关系管理，就必须有新品更新。不断地改善产品，尽可能开发出符合老客风格口味的一些产品。

（4）产品是核心，质量为王，所以在价格优势基础上，一定要保障产品的质量。

2. 资金

创业需要有足够的资金。下面我说一下资金对于创业型团队来说有哪些用处。

（1）创业型团队可能不需要有环境很好的办公场地，只需要一个办公场所即可，但这也需要一定的租金。

（2）虽然货款结算周期长了，但是货款的资金还是需要支出的。货款周期长可以稍微减少货源的资金压力，这也是我上面谈了为什么货款结算周期长一点的好处。在这里我就讲一下，我所知道的淘宝是15天的自动确认收货时间，也就是说一般15天资金就可以到支付宝，当然这些资金就可以流动起来并作为公司的运营资金。不过这样是比较危险的，一定要使公司保持盈利，不然很难填补这个洞。

（3）公司的运营费用，包括各平台的保证金、服务费、推广费用、员工成本以及日常的基本费用。

3. 团队

创业期间，团队也是非常重要的一部分，主要总结为以下四点。

（1）一个团队一定要具备狼性，有一句话说得好，狼行天下吃肉，狗行天下吃屎。这句话是很在理的，狼是一个群体，能攻击比自己大三倍的动物，其配合能力和执行力都是非常之强的。

（2）一个团队一定要有超强的执行力。中国为什么建设一条铁路要比印度快，因为在中国可以集中力量做大事。

（3）一个团队一定要专业。因为专注，所以专业，每个人都需要对产品非常熟悉，包括产品的属性、功能和性能等都需要了如指掌。

（4）一个团队一定要有学习能力。目前整个市场日新月异、变化莫测，需要不断地学习才可能不被淘汰。

4. 个人的人格魅力

这一点是很容易忽略的，想想自己是不是具备人格魅力能把整个团队凝聚在一起。

在当今社会中，为人处世的基本点就是要具备人格魅力。何谓人格魅力，首先要弄清什么是人格。人格是指人的性格、气质和能力等特征的总和。而人格魅力则指一个人在性格、气质、能力以及道德品质等方面具有很能吸引人的力量。在今天的社会里，一个人能受到别人的欢迎和容纳，那么他实际上就具备了一定的人格魅力。

人格魅力所要具备的一些性格特征如下：

（1）在对待现实的态度或处理社会关系上，表现为对他人和对集体的真诚热情、友善以及富于同情心；乐于助人和交往、关心他人和积极参加集体活动；对待自己严格要求，有进取精神，自励而不自大，自谦而不自卑；对待学习、工作和事业，表现得勤奋认真。

（2）在理智上表现为感知敏锐，具有丰富的想象能力，在思维上有较强的逻辑性，尤其是富有创新意识和创造能力。

（3）在情绪上表现为善于控制和支配自己的情绪，保持乐观开朗，振奋豁达的心境，情绪稳定而平衡，与人相处时能给人带来欢乐的笑声，令人精神舒畅。

（4）在意志上，表现出目标明确、行为自觉、善于自制、勇敢果断、坚韧不拔和积极主动等一系列积极品质。

具有上述这些良好性格特征的人，往往是在群体中受欢迎和受倾慕的人，或可称为"人缘型"的人。

人格魅力有很多种，要创业就要具备领导者的人格魅力。所谓领导者的人格魅力是指领导者道德风范、知识修养、心理素质和仪表等方面的综合体现，是一种权力之外的对他人的影响力，这是与职责、职位无关的影响力，但它润物无声、涓涓入心、更持久也更有效。"以力服人者，非心服也，力不瞻也；以德服人者，中心悦而诚服也。"古人在这段话里讲的就是人格的力量。一般来讲，领导者人格魅力体现在以下几个方面，信仰坚定、有矢志不渝的坚毅力；品行高洁、有才学超群的吸引力；宽以待人、有严于律己的亲和力；沉着果断、有潇洒自如的感染力；举止得体、有平易近人的感染力。

领导者的人格魅力不是浑然天成的，而是经过后天的磨炼、修养而形成的。一要有正确的人生态度，做到"三重三轻"。第一，重理想轻利益。人是要有点精神的，人的理想和创造精神足以使自然界的一切鬼斧神工黯然失色，一个人拘泥于蝇头小利，只会使其猥琐不堪，常怀鸿鹄之志则会使平凡人更显伟岸高大；第二，重品德轻荣誉。品德是植根于人内心的根深蒂固的东西，荣誉则如过眼云烟，重品德重修养可以彰显人性的伟大。第三，重付出轻回报。人的伟大就在于奉献，当你以付出、以贡献改变了世界，你的满足感、成就感无法形容，如果一辈子碌碌无为，毫无建树，懊丧悔恨则会伴随你一生。一个人都有自己的历史，或辉煌或黯淡。这些都不要影响到你的今天，既不要满足于过去的辉煌，也不要沉浸在过去的苦难悲伤，面对现实，把握现在，从小事做起，从我做起，方能有所作为。

2.4.2 技术引进——打造视觉锤的7种方法和提炼"战斗口号"的5个技巧

1. 打造视觉锤的7种方法

人们的视觉是非常重要的，接下来针对打造视觉锤的7种方法进行讲解，以便大家可以开发出自己的视觉锤来影响人们的心智。

打造视觉锤的7种方法分别是形状（shape）、颜色（color）、产品（product）、包装（package）、动态（action）、创始人（founder）和符号（symbol）。

（1）形状。

TARGET是非常有名的零售商，如图2-23所示，它比起普通的零售店显得更为时尚，符号视觉锤也用在很多方面。比如，店铺上面、袋子上面，甚至有狗的吉祥物也用了这样的视觉锤，它展示了TARGET的形象和定位。纽约的报纸上还曾讲到TARGET狗吉祥物的故事，可以说这个视觉锤对它的品牌提升带来很大的作用，如图2-24所示。

图2-23 TARGET零售商

（2）颜色。

使用单一的颜色能够起到推广的效果，例如小朋友特别喜欢吃麦当劳，黄色拱门就是麦当劳的符号，这就有了非常容易记住的印象，如图2-25所示。

图2-24 TARGET 狗吉祥物

图2-25 麦当劳黄色拱门符号

对于快餐店来说，在大街上人们能不能很容易被认出，一个颜色永远要比多个颜色要有更高的辨识度。

原来苹果手机的标志是左边的颜色，色彩斑斓，看起来是非常漂亮的，但是这不是卖家的目标，卖家的目标是提高可辨识度，这样白色就非常有辨识度，如图2-26所示，而且苹果手机的耳机也是单一的白色。

可以把颜色放在公司名字上面，颜色就是公司的名字，也可以把颜色放在产品上面。一旦有了这样一个独特的视觉锤，就很容易生成公关的内容。

图2-26 苹果手机 Logo

（3）产品。

有些产品本身就可以成为视觉锤。比如劳力士手表，它的视觉锤就是独一无二的表带，劳力士也是第一款有独一无二表带的手表，如图2-27所示。

可能有人会不认同这样的说法，说很多品牌不也照搬了劳力士的表带吗，但这并没有影响劳力士给人们的第一印象，因为它是第一款有这种表带样式的，这已经占据了人们的心智。

图2-27 劳力士手表表带

蔚来是全球化的智能汽车品牌，占有着国内电动汽车的主导市场，主要是因为它有一个新的品牌、新的名称，有着极致的用户体验，而且还在视觉上看上去与众不同。以此得到了很多年轻人的青睐，许多年轻人并不是真正想要买混合动力型汽车，他们主要是想向他人展示自己，如图2-28所示。

图2-28　蔚来汽车

（4）包装。

有时候同样的产品，换了一个包装就会变得独一无二。

比如，景田百岁山矿泉水设计了一款独一无二的瓶子，这样就打造了一个新的品类，同时它的视觉和定价也成功地占据了消费者的心智，成了消费者非常认可的品牌，如图2-29所示。

另一个是牛奶品牌的视觉锤。一般来讲，大家都是用杯子来喝牛奶，蒙牛厂商捆绑销售了杯子，它并不是普通的杯子，而是牛奶杯，所以大家会发现超市中整箱的牛奶还捆绑着同品牌的杯子，如图2-30所示。

图2-29　景田百岁山矿泉水　　　　　图2-30　蒙牛牛奶与杯子

（5）动态。

如今电视、视频和互联网等充斥着广告，如果要创造一个品牌，可以成功地运用动态来做视觉锤。例如，Heinz（亨氏）是做番茄酱的，将自己定义为西部最慢的番茄酱，意思是消费者使用的时候它流得很慢，也就是说它是最稠的番茄酱，跟消费者传达他们的番茄酱质量更高、更加浓稠，如图2-31所示。

（6）创始人。

创始人本身也可以成为视觉锤，老干妈辣椒酱的视觉锤用的就是创始人，它是我国辣椒酱第一品牌，一年能卖出6亿瓶辣椒酱。

用户不需要看到"老干妈"的文字，只要看到它的标志，就能很快认出它。使用视觉锤就不需要进行文字翻译了，如图2-32所示。使用创始人视觉锤的品牌还有王守义、王致和和肯德基，如图2-33所示。

图 2-31 亨氏番茄酱

图 2-32 老干妈

图 2-33 使用创始人视觉锤品牌

(7)符号。

有时一个独一无二的标志就是品牌的视觉锤了,其实任何一个图像都可以成为有效的视觉锤。

图 2-34 所示是李宁的标识,这里也涉及品类,李宁就新打造了运动跑鞋这个品类的品牌,在国内运动跑鞋内销售量也是名列前茅的。

图 2-34 李宁运动跑鞋

如果想要用标志来创造视觉锤,其实简单是更好的选择。

首先销售商需要找到这个语言,然后要占据消费者的心智,再找到视觉锤把语言钉钉在消费者的心智上,这样视觉锤就能够在消费者的心智中和品牌建立起不可分割的联系。

2. 提炼"战斗口号"的 5 个技巧

销售商使用视觉锤把语言钉钉入人们的心智,而销售商要赢得这场战争,还需要战斗口号来进一步推广自己的品牌。

这里有一些技巧能够帮助消费者记住品牌,分别是押韵、头韵、反转、重复和双关。下面来具体讲解如何运用这些技巧来增强品牌在消费者心目中的印象。

(1)押韵,比如仲景牌六味地黄丸:药材好,药才好!同音营造重复,进行强化。

(2)头韵,不光用在名字上,口号里面也可以运用头韵。比如运动 App Keep:自律给我自由!

(3)重复,比如超能洗衣液:超能女人用超能!新飞电器:新飞广告做得好,不如新飞冰箱好。

(4)反转,比如电影《驴得水》:讲个笑话,你可别哭。OPPO 手机:充电 5 分钟,通话两小时。

(5)双关,比如美的品牌:原来生活可以更美的。优酷:这世界很酷。

> **课堂练习**　理解视觉锤的强弱

给学生一个绿色的 App 方块,在下面四个选择中,学生最先想到哪一个产品(瓜子二手车、豆瓣、微信、印象笔记)。最先被想到的则是强视觉锤产品,其次为弱视觉锤产品,如图 2-35 所示。

图 2-35　产品标志

2.4.3　任务实施——汇报展示店铺

1. 活动内容

(1)学生根据前面所学内容,完成店铺定位;

(2)学生为自己的店铺创建视觉锤和语言钉;

(3)学生分组上台展示店铺品牌内容。

2. 活动要求

(1)学生分组讨论,确定自己店铺的定位以及要经营的品类,并讨论获得店铺的视觉锤和语言钉。

(2)视觉锤应包含 3 个要点:

- 视觉;
- 品牌识别;
- 非语言信息。

3. 活动评价

(1)品牌的识别:

- 颜色是否符合;
- 造型是否符合;
- 纹理是否符合。

(2)非语言信息:

- 视觉与听觉;
- 组合信息;
- 非语言信息的强弱。

2.4.4　举一反三——学生完成店铺定位

根据前面所学内容,以"女装"或"奶茶"为例,如图 2-36 所示,针对店铺的目标人群、主营产品和店铺装修定位分组讨论,确定最终店铺定位。

图 2-36 女装与奶茶

2.5 本章小结

本章着重介绍了店铺品牌定位的相关知识,针对什么是店铺定位;网店的店铺定位、从目标群体着手定位店铺、提取目标客户以及店铺精准定位;打造店铺品牌、品牌调性、视觉锤与语言钉展开讲解。同时,设计制作了相应的任务,针对创业活动汇报展示店铺,可以使学生充分理解并掌握店铺品牌定位的相关知识。

基础知识学习任务与实训任务完成后,还准备了课后习题帮助学生巩固和加深对基础知识的理解。

2.6 课后习题

完成本章内容学习后,接下来通过几道课后习题测试学生的学习效果,同时加深学生对所学知识的理解。

2.6.1 选择题

1.下列选项中,店铺定位的正确理解是(　　)。
A. 店铺定位定下后可以轻易更改　　B. 明确顾客群体
C. 能给顾客带来什么价值　　D. 不可以随波逐流

2. 下列选项中，（　　）属于目标客户所具备的特征。
A. 刚需用户　　　　　　　　　　　B. 有经济基础的人群
C. 持续发展潜力大的人群　　　　　D. 购买产品基数大的客户
3. 下列选项中，属于对店铺进行精准定位的是（　　）。
A. 定位客户　　　B. 定位产品　　　C. 定位装修风格　　　D. 定位平台
4. 下列选项中，属于品牌调性内涵体现的是（　　）。
A. 品牌属性　　　B. 品牌个性　　　C. 品牌价值　　　D. 品牌使用人群
5. 视觉锤的两大基石分别是（　　）和（　　）。
A. 品牌文化　　　B. 品牌识别　　　C. 非语言信息　　　D. 语言信息

2.6.2　填空题

1. 确定店铺_____的情况下，店铺装修风格可以针对不同年龄层次的人群去装修。
2. 品牌调性内涵的体现可分为_____、_____、_____、_____、_____和_____。
3. 视觉锤的概念最初是由_____提出的。
4. _____是品牌管理要素中最为核心的部分，同时也是品牌区别于同类竞争品牌的重要标志。
5. 品牌使用人群又被称为_____。

2.6.3　创新实操——编写项目计划书

根据本章所学内容，学生选择自己感兴趣的项目，完成表 2-1 所示项目计划书的编写，对店铺项目的店铺定位、店铺管理、店铺宗旨和店铺简介进行总结。

表 2-1　项目计划书

内　　容		备　　注
店铺定位	目标人群	
	主营产品	
	店铺装修	
店铺管理	负责人	
	网站经营团队	
	外部支持	
店铺宗旨		
店铺简介		

第 3 章　商品的选择

随着电子商务的日益普及，越来越多的人加入了电子商务行业，在互联网上开了自己的小店。开店后遇到的第一个问题通常是选择销售什么样的产品。本章将针对电子商务创业中产品的选择方法和技巧进行讲解，并系统介绍电子商务创业中产品选择的相关知识，帮助学生从实践的角度掌握产品的选择方法和技巧。

3.1　确定目标用户

很多店铺的创业者都有这样的疑问："为什么同样的产品，别人一下子都能卖很多，但是自己不可以？"

出现这种情况，除了价格之外，和店铺整体的定位、风格表达、引流方式以及运营节奏等都有非常大的关系。不过最重要的是，这个产品到底是不是顾客想要的，店铺的人群定位是什么样的。

3.1.1　用户画像分析法

工作中经常听到用户画像这个词，特别是在产品分析和店铺市场定位中。用户画像究竟是什么？为什么说用户画像定位是否准确，甚至会影响店铺运营的最终成败呢？

1. 概念

用户画像并不是凭空产生的，是市场（互联网）发展到一定程度，各行各业需要了解并满足用户多种需求，更高效、精准地提供针对性服务，增强竞争力，实现发展的产物。图 3-1 所示为用户画像所能提供的信息数据和行为数据。

图 3-1　用户画像数据

2. 意义

准确获得用户画像能够帮助平台完善产品、提升服务、分析经营形态和制定企业发展策略。用户画像分析意义主要有两点，一是精准营销；二是个性化运营。而这两点是未来个性化发展趋势的必然要求。

每个产品都有一定范围的用户群体，没有一款产品能面对所有的用户，试图涵盖所有用户的产品最终都会失败。比如豆瓣的用户群体偏文艺青年，寻找志同道合的朋友，能引起精神共鸣；喜马拉雅的用户群体多为学习型青年，且愿意为知识付费。图3-2所示为豆瓣和喜马拉雅网站首页。

图3-2　豆瓣和喜马拉雅网站首页

3. 绘制用户画像

如何绘制自己店铺的用户画像呢？首先想象一下你的店铺人群是什么样子的，店铺的定位是什么样的。

当你想要彻底搞清楚这些问题的时候，要先搞清楚你自己想象中的店铺的样子，暂时不要管你的店铺真实的样子如何，先把店铺产品整理出来，然后确定产品是卖给谁的。

确定内容包括基本属性、衍生属性和价值属性三层含义。

（1）基本属性：最起码要知道是卖给男性还是女性，以及卖给哪个年龄段的用户。

（2）衍生属性：要知道消费者大概具备什么样的消费能力，是一个经常网购的人，还是一个不怎么网购的人；还要知道购物偏好，是喜欢聚划算、天猫超市，还是直接搜索、点击"猜你喜欢"等。

（3）价值属性：指的是商品的价格，也就是商品的卖点所在。

案例　小户型沙发床用户画像

图3-3所示为"小户型沙发床"的基本属性。

该沙发床的直接价值是体积小、可当沙发可当床、省空间、可折叠。想象中，该产品应该是针对25~35岁的年轻用户，居住环境为小户型；且购买这种类型产品的用户大多数是女性或者是家庭用户。

消费能力绝对不会高，没有人会愿意花上万块钱购买一个小户型的沙发床。

购买频次是高的，因为大多数情况下都是近期在搬新家或者是装修的用户购买，而且产品的购物偏好偏向于包邮，如果不包邮就会很容易失去这个客户。

该沙发床的隐藏关键词是小资和品质，如果用户只是为了很省钱，完全可以不要沙发，但是为什么在小户型里还希望有个沙发，甚至是个沙发床，是因为用户的潜意识里还有对小资和品质的追求。

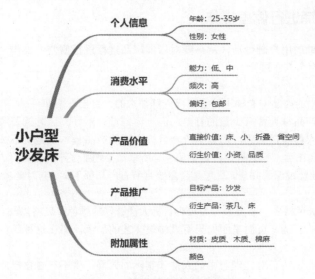

图 3-3 小户型沙发床基本属性

由此得知,理想人群的样子就出现了。

也可以通过下面的一个方法,快速获得网站平台的用户画像。

1. 我是_____类目,平台共有_____件宝贝,产品价格_____,客单价_____。

2. 我的目标人群以(男/女)性为主,用户群体是(男、女、老、少年和幼儿),他们的职业以(学生、主妇、白领、贵妇、科技爱好者)为主。

3. 我的目标人群喜欢_____(促销方式)、喜欢同时购买_____,购买周期是_____,回购(高/低),他们购买我的产品可以获得_____(实际价值、精神价值)。

自己组织语言后,再去做定位、选款或者设计,会发现瞬间就通畅了,整个团队都会很明确地知道,要把产品卖给什么样的人。总结编写后,完成的用户画像就出现在我们面前了,图3-4所示为家居产品的用户画像。

图 3-4 小户型沙发床产品用户画像

3.1.2 对店铺进行偏差操作

在获得了店铺的用户画像后,就需要对店铺产品进行矫正偏差的操作。校正偏差可以从产品和设计风格两个方面进行。

1. 产品

从所有出售中的产品中去掉不符合目标人群需求的,直接下架即可。

另外,有的产品每天都有少量的订单,但总体销量并不好。这时就要考虑目标人群是否正确,如果目标人群非常明确,那么不符合目标人群的产品基本上是卖不掉的。如果是不符合目标人群的产品在卖,那么肯定是定位偏了,所以需要把那些不符合目标人群的产品下架。

下架前,也要经过深思熟虑,思考是否需要将所有产品都下架,同时要考虑上架哪些产品。

2. 设计风格

在店铺的设计风格中,需要去掉不符合目标人群喜好的颜色、风格以及功能表达。比如,一个卖男性钱包的店铺,页面里面如果有显得很文艺的颜色,那么这种颜色绝对是不允许存在的。

销售商可以通过矫正对比理想中的人群和实际的人群,将不符合自己店铺风格的内容去掉,包括产品拍摄风格、视觉的配色和文字的使用等。

3.1.3 用户画像操作步骤

了解了用户画像的作用后,可以通过如图 3-5 所示的操作步骤快速、准确地确定店铺的用户画像。

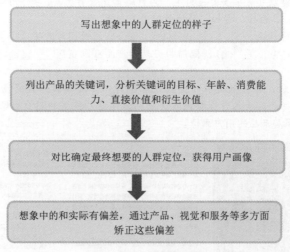

图 3-5 用户画像操作步骤

3.1.4 用户访谈分析法

在确定目标用户时,用户访谈是最常见的方法之一,主要形式是和调研的用户进行一对一或一对多直接的沟通,最好采用面对面的方式。如果条件不允许,可以通过电话、邮件、QQ 和微信等方式进行,获取用户的需求。

用提问交流的方式,了解用户体验的过程就是访谈。访谈内容包括产品的使用过程、使用感受、品牌印象和个体经历等。

1. 优点

通过访谈所获得的内容,可以进行筛选,组织起来形成强有力的数据。访谈可以称得上是所有研究方法的基础,不仅是因为访谈法在其他研究方法中都会用到,而且根据项目和研究要求的不同,访谈的形式可以作很多调整来适应所需要的目标。

2. 访谈流程

访谈流程主要包括前期准备、进行中和访谈结束三个方面,大概流程如图3-6所示。

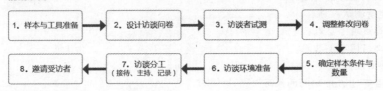

图 3-6　用户访谈流程图

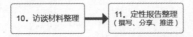　收集用户对某服饰App的操作体验

前期准备

1. 样本与工具准备

(1) 确定受访者的标准。
- 年龄 25~35 岁,关注穿衣搭配的用户;
- 男女各 5 人,共 10 人;
- 有家居 App 购物经历(若无则不满足标准)。

(2) 测试工具。
- 一台装有该版本 App 的 iPhone 测试机。

(3) 记录工具。
- 录像手机;
- 录音笔;
- 纸笔或其他记录工具。

2. 设计访谈问卷

(1) 必要问题。
- 请简单描述一下使用后的感受;
- 你认为 App 操作起来怎么样?为什么?
- 喜欢这款 App 的设计风格吗?为什么?

（2）选问问题。
- 使用 App 购物时，你最关注什么（价格、商品、品牌、物流）？
- 资讯对你有帮助吗？你会去主动了解吗？
- 页面上的促销活动能吸引你的注意吗？
- 你会选择在该 App 上购物吗？为什么？
- 你觉得商品如何？你平时关注什么商品或品牌？

3. 访谈者测试
（1）目的。
- 测试流程的可行性；
- 修改调整访谈问题。

（2）邀请测试人员。
- 内部成员 1~2 人；
- 外部门同事 1~2 人。

4. 调整修改问卷
- 是否有过 App 购物的经历？
- 平时是否会关注杂志或相关资讯信息？

5. 确定样本条件与数量
（1）测试工具。
- 一台装有该版本 App 的测试手机（Wi-Fi 网络环境）；
- 一台装有该版本 App 的备用私人手机（4G 网络环境）。

（2）打印文件。
将设计的问题打印 3 份。

6. 访谈环境准备
- 地点 700 号饮料咖啡厅（室内）。
- 现场布置一张圆桌，三把椅子，录像录音调试，奖励零食。

7. 访谈分工（接待、主持、记录）
- 接待每位受访者，分别由同事 A 和同事 B 轮流接待。
- 主持，由同事 B 负责主持并询问受访者问题。
- 记录，由同事 A 负责录像、录音。

8. 邀请受访者
将受访者邀请至圆桌坐下后，开始进行访谈……

进行中
1. 访谈执行（现场）
访谈开始，介绍自己以及采访的目的。
您好，请问您是否有过 App 购物的经历？我们是某某 UED 部门的，负责 App 的设计。为了更好地服务用户，希望您能抽出 2 分钟的时间，对我们的 App 进行操作体验，我们会收集您的宝贵建议，并作为某某 App 下一版优化改进的参考建议。
……
采访一开始要营造轻松的氛围，从容易的问题开始，建立信任。

2. 访谈中
（1）认真聆听用户的想法和建议，保持客观，做好记录；
（2）引出细节和故事，解答用户的疑问，图 3-7 所示为用户访谈的过程记录。

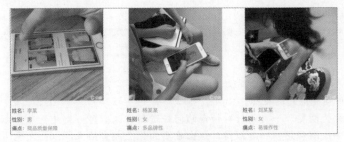

图 3-7 用户访谈记录

3. 注意事项

（1）让受访者表达本意，不要引导；

（2）该方法不能代替市场调研；

（3）避免谈话离题；

（4）访谈过程中，不要对信息进行解读或者分析。

访谈结束

1. 向受访者表示感谢，必要时给予礼物奖励

非常感谢您的建议和对我们工作的支持，我们会不断提高用户体验，下次再见……

2. 访谈材料整理

信息统计，如图 3-8 所示。

		2022年8月20日				
受访者		No.1	No.2	No.3	No.4	No.5
用户背景	性别	女	女	女	女	男
	是否为[illegible]员工	是	是	是	是	是
	操作速度	高	高	高	中	低
必要问题	1.请简单描述一下使用后的感受。	1.比以前做的好； 2.我是目的性强的用户，如果没有想要买的东西，不会去浏览APP	1.认为选择<男/女/生活>进入体验非常不好；作为想要随便浏览APP内容的用户，不愿意进行此选择操作 2.这是一个非常理性的操作，你应该先让我看到了我比较喜欢的东西，再去选择或购买 3.这个步骤多余	1.通过有趣的Banner，进入资讯浏览；但发现里面的内容没什么意思 2.作为第三方APP，做一些资讯；然后我会看里面有什么品牌，品牌里面有哪些商品，有什么新品	1.品牌中的商品很少；包括一些我很熟悉的品牌，很火，有代表性商品都没有；没什么可选的 2.价格贵：XX商品淘宝100，这边250；XX面膜屈臣氏15，这边25 3.都会上淘宝,同样的价格我为什么要去[illegible]APP买 4.Fushion（融合）单词拼错应该为Fashion（时尚）	1.比以前好，以前进入没什么好点的，现在，有些可以点的地方 2.没有什么活动，看起来 3.刚开始的时候，折扣很大，以前和朋友一起买过；后来有了[illegible]，（邦购折扣力度大，发现很多[illegible]的商品，[illegible]也有，折扣力度还大；后面就不用[illegible]了
	2.你认为[illegible]APP操作起来怎么样？为什么？	主页：前面的信息知道，后面不知道是什么内容，看不明白（不清晰，不明确）		操作起来蛮好的，蛮正常的	1.操作起来可以 2.浏览品牌，通过某篇资讯查看其中的品牌	操作起来还行，分类都有了；以前找不到
	3.喜欢[illegible]的设计风格吗？为什么？	页面比较清楚；可以；比以前好		设计风格还可以	1.设计风格可以 2.主页：没重点 3.没有什么东西，品类分的多，但是没有东西，放着没什么意思	设计风格可以；简单明了
选择询问	1.使用APP购物时，你最关注什么（价格、商品、品牌、物流）？	有什么品牌；折扣，会优先选择购买		品牌、价格	关注我认识的品牌，但是[illegible]APP里面大多数商品我都不认识	价格、优惠信息
	2.资讯对你有帮助吗？你会去主动了解吗？			有帮助，本来没想过要去买的东西，通过资讯内容，就会有购买	会通过资讯看里面的品牌列表	1.平时看，看的少 2.目的性强、看牌子、价格、对比价

图 3-8 访谈信息统计

3. 定性报告整理（撰写、分享、推进）

（1）撰写。

根据用户反馈的信息，将问题进行归类，撰写整理成报告，反映给各相关部门，并给出优化建议或解决方案。

（2）分享。

将调研结果反映给决策层，并推测每种问题会导致的结果，以及结果会对业务、公司的营收造成的影响；邀请各部门相关人员参与会议讨论，了解问题、分析问题。

(3)推进。

各部门针对相应的问题进行头脑风暴,给出解决方案并推进;在下一版本中对相关问题进行验证。

注意事项

1. 进行用户访谈之前的注意事项

(1)明确访谈要达到的目标。

访谈可以分为两类,一类是针对特定的问题进行访谈;另一类是发散性访谈。发散性访谈就是在谈话中逐渐和用户一起探讨,说出重要的优点或者缺点,以此发现问题。但无论怎样,在访谈之前,你都要将进行访谈的内容和问题列在一张纸上,并且保证有足够的条理性和逻辑性,这样才能够达到你访谈想要的目标。在这之外,你也应该做好应对用户可能谈到这条逻辑主线之外开放性问题的准备,将具有启发意义的话题及时记录下来并在必要的时候将用户带回问题主线。

(2)尽量面对面地进行访谈。

一次有效的访谈不止是从谈话获取信息那么简单。正所谓察言观色,评估一个问题还应该考虑谈话者的姿态如何。面对面访谈能够使谈话者精力更为集中,回馈质量更高。

(3)选择中立场所。

如果邀请谈话者在公司或者办公室进行访谈,会使谈话更像是一次宣传销售,最好的地点是咖啡厅或者休闲室,同时最好避免录音。

(4)对访谈者进行用户细分,就像建立用户画像一样。

决定你是否能达到访谈目的的一个最重要因素就是受访者是否合适。你的受访者首先应当是当前产品的使用者或者当前问题的参与者,并且在这些人当中,你最好去继续了解一下其个人信息并获悉其所代表的细分市场,综合这些信息对回答进行甄别。

2. 进行用户访谈时的注意事项

(1)强调访谈目的。

简单地向受访者透露一下接下来将要谈到的内容和你要问的问题,强调访谈的目的,使受访者保持良好的心态并为接下来的谈话进行思考。

(2)让受访者以讲故事的形式回答问题。

尽量让受访者以讲故事的方式来回答问题。用户只是商品的使用者,他们无法从专业的角度去回答,最好的方法就是让用户以讲故事的形式将他们使用商品时遇到的问题和他们的需求说出来。

(3)让受访者对问题排序。

让受访者对已有的或者挖掘出来的问题进行排序。整理一下你提出的或者通过你们一起挖掘出来的问题并讲述出来,让受访者对这些问题进行重要度排序。

(4)让受访者说出解决方案。

让受访者试着说出问题的解决方案。按重要程度将问题排出次序后,可以要求受访者给出他们认为可行的解决办法,让他们畅所欲言。在这个过程中你要时时记录并表示赞许或者微笑点头。

3. 如何避免引导受访者

(1)不表明自己的意图。

我们很擅长揣测别人想要听我们说些什么。受访者也会下意识地去猜测你希望他说些什么,并从蛛丝马迹中得到暗示。比如带有明显倾向性的措辞,"你是否觉得这个功能非常棒"就是这样一种暗示。这会导致默许偏差的形成,受访者会试图认同积极的陈述,所以我们的问题之中应该避免一些主观的词汇。

(2)访谈刚开始的时候不要直入主题。

在访谈之前适当提一些开放性问题,等待用户在各方面给出自己答案,然后再逐渐进入问题,这样可以减少对后面谈话内容的暗示。

(3)将你自己巧妙地隐藏起来。

首先我们不应该过多地透露自己的信息,比如你的个人喜好和职位等,把谈话机会留给受访者。在访谈过程中尽量保持平静,不要出现太多不必要的表情和动作,以免对访谈结果产生影响。

(4)打破砂锅问到底。

在访谈的过程中针对一个话题我们可以连续地询问对方为什么给出这样的答案,让受访者解释他们为什么会作出这样的回答。受访者的答案往往会让你觉得前后不一致或者自相矛盾,但这也是一件好事,能够帮助你了解人们实际的做法和嘴里的理由之间的差距。

3.2 寻找用户的痛点

痛点多数时候是指尚未被满足而又被广泛渴望的需求,得不到满足还会让人恐惧。年轻女孩害怕失去的是青春与美丽,于是有了昂贵的整容项目;有钱的男人害怕失去财富与权力,于是有了各种保险和基金。

真正的痛点不是欲望而是恐惧。谁能挖掘出用户痛点,谁就掌握了用户的需求方向,从而抢占先机,就可以打有准备的仗。但能否一路领先并跑到终点,还要看能否找到正确的治愈用户痛点的方法。

例如,客户饿了需要一个包子,你却给了一份牛排。你觉得自己已经完全超越预期地、圆满地解决了客户的痛点,可是如果他们不喜欢吃牛排呢?

所以,我们必须了解客户此时此刻的痛点是什么,发现了痛点以后,你所要做的便不仅是帮助用户止疼,还要让用户拥有快感。

人们常说"听了那么多道理,还是过不好一生",其实本质就是因为自己没有真正意识到恐惧,也就没有采取有效行动去改变自己,去过好这一生。

因此,痛点是恐惧,抓住痛点,也就是抓住了人类最底层的情绪。同样,店铺要想成功必须要懂得如何戳中用户痛点。

3.2.1 找到痛点

要想店铺成功,首要要找到目标客户的痛点。除了使用用户画像和用户访谈的方法,店铺经营者也可以通过深入场景收集问题来找到客户的痛点。

如果你觉得上网查找不足以让人信任,那么生活中用户的使用场景是不会骗人的。真正近距离观察各种场景中的用户,你就能发现真正的问题。

比如,针对家用的清洁用品,除了具有清洁效果,健康也越来越被用户重视,这就是洗洁精产品的痛点。

店铺经营者既是经营者,同时也是消费者。对商品的某种追求与其他用户是一样的,将自身应用中遇到的问题进行收集整理,也是一种有效的找到痛点的途径。

比如,去约会,你的头屑让女朋友很嫌弃你,因此影响了你的形象。这时你会感到恐惧,需要一种方法来消除头屑,相对地这也是其他用户的痛点。

3.2.2 找到商品满足痛点

商家找到痛点后，就需要找到解除痛点的商品。例如，两款同样价格的洗洁精，突出健康的这一款就会受到用户的认可。那你为其写推荐语的时候，就可以突出某个用户群体需要的功能，以此抓住用户的注意力，这样才能解决用户的痛点，如图 3-9 所示。

同样，洗头是解决油腻头发的方法之一，在时间宝贵的前提下，一款能快速使头皮干爽的洗发用品，会促使很多人选择，找到了痛点的同时又解决了痛点，如图 3-10 所示。

图 3-9　环保洗洁精　　　　　　　　图 3-10　去屑洗发水

3.2.3 商品优势

要抓住用户浏览页面的几分钟甚至更短的时间，通过各种手法将商品展示出来，可以是图片、文字、动画或视频，在最短的时间内让用户了解商品的特点、优势并产生转化率。例如，洗洁精的优势是环保、无污染、不伤手和无残留等。这些大家都关心的问题要在商品的展示页中第一时间展示出来，以突显产品的优势，如图 3-11 所示。

图 3-11　环保洗洁精浏览页面

3.2.4 选择具有竞争力的商品

用户能够进入店铺停留必然也浏览过其他店铺，货比三家是用户的常规操作，因此商家销售的产品必须是具有竞争力的。表 3-1 所示为客户通常会问的三种竞品对比类问题。

表 3-1　三种竞品对比类问题

问题	具体内容
第一种	用户是外行，对产品一窍不通，无法自己做判断，所以把问题抛给卖家，看卖家怎么说后再拿主意
第二种	用户可能到竞品的店里看过，店里的销售员已经给用户介绍过产品，但是用户心中尚有疑虑不敢偏听偏信，故而找个同样或类似的商家来验证一下
第三种	用户可能不是真正购买产品的意向客户，只是一个探子，想到店里来看看别人是怎么说的，调查收集产品的攻击话术，以便回去设计有针对性的应对话术

每一个进店来的客户都有不同的目的，不能草率应对。如果要让顾客认为你的商品比别人的好，不但要和差的比，更要和好的比，这样才能突显你的商品的相对优势，而且就算商品卖得贵也是有理由的，让用户说出自身在竞品身上得不到满足的地方就够了。因此，一款极具竞争力的商品是非常重要的。

同时，需要牢记："客户永远第一。"世界上最昂贵、最脆弱的东西就是客户的信任，遇到挫折时要勇往直前，既然选择了电商，就要面对！

3.3　解决用户的痛点

在打造商品的时候，找到用户的痛点和需求后，如何将这些因素很好地融合在商品内部，是每个电商创业者都要面对的难题。

在移动互联网时代，用户的价值不言而喻，只有具备了用户思维，才有可能打造出爆款商品，在激烈的竞争中脱颖而出。找到用户的痛点，基本就等于拿到了解决问题的钥匙。很多商品之所以能成功，就是因为很好地切入了用户痛点，不断深化，并以此提出一整套解决方案，用最方便、最简单的形式来服务用户。

3.3.1　深度洞悉用户需求

用户的很多需求，并不仅仅是表面上看起来那么简单。比如，一家做洗衣服务的店铺，如果仅仅把目光锁定在"洗衣服"这个动作上，那自然会面临许多局限。

有一家社区洗衣店，就发现原来小区里很多住户没有时间将衣服送来，或者由于担心拿取衣服的烦琐流程，懒得过来洗衣服。于是，在发现了这个更为深层次的需求后，店家开设了一个微信公众号，一方面介绍了自己家的服务细节、洗衣优势；另一方面让用户可以一键预约洗衣，只要用户预约了，店家就会与合作的同城快递联系，上门取衣、送衣。这样一来，用户洗衣的整个流程被大大简化，通常是下班回到家，用微信预约，然后很短的时间内，就会有快递员上门取衣，洗好后会根据预约的时间将衣服送来。这样，用户的深度需求被发掘后，其黏性也随之大为增强，如图 3-12 所示。

图 3-12　社区洗衣店

3.3.2 善于分类，不断细分

对于用户的痛点，一定要有精度，不能泛泛而论。可以从商品自身的一些属性入手。比如，商品价格是走高端路线还是用性价比作为撒手锏；使用这款商品的目标人群是年轻人还是老年人，以及购买商品之后商品耗材有没有很好的解决方案；等等。只有站在用户的角度，去重新审视商品的属性，才有可能找到痛点并精准切入。

例如，小米的空气净化器分为基本款和专业款，基本款侧重于净化 PM 2.5，专业款在此基础上还能净化甲醛，两者的价格在同类产品中极具竞争优势，并且在外观设计上下了一番工夫，让用户在使用时会产生"物超所值"的念头，能持续给用户带来惊喜，而且可以通过手机方便地进行操作，滤芯的使用情况一目了然，何时应该更换，在什么地方购买这类烦琐的问题，一键就可以搞定。正因为如此，小米空气净化器成了同类商品中的销量冠军。这里面，价格优势的确很重要，但并非决定性因素，其核心竞争力来自对用户痛点的精准分析，如图 3-13 所示。

图 3-13　小米空气净化器

在这个时代，一种商品不可能让所有用户满意，只要能够满足核心用户的需求，那就足够有竞争力，商家不应该把精力过多地放在求全，而要更多地放在求精上。

例如饮料行业，王老吉能成功的要素就在于牢牢抓住了"上火"这一个痛点，熬夜后第二天会上火；吃辛辣食物、喝酒以后也会上火。提到"上火"这两个字，用户都会深有体会，所以，王老吉成功的秘诀不是口感，不是包装，不是让你不口渴，而是针对上火这个痛点，精准切入后，提供解决方案，如图 3-14 所示。

图 3-14　王老吉饮料

自行车也是如此，传统的自行车都是颜值较低，没有设计感，只能骑行却没有体验的一种出行工具，俗称"买菜车"。年轻人对这种交通工具，根本不感兴趣。但是近几年，很多厂家针对"健身""环保""时尚"这样的痛点重新设计了自行车，出现了各种公路车、山地车、通勤车，以及智能自行车。在不同的环境下，用户可以选择不同的款式，而且自行车作为交通工具的角色正在逐渐淡去，作为一种年轻时尚健康的生活方式的特性则日趋明朗，最终重新赢得了年轻人的市场，如图3-15所示。

图3-15　环保自行车

3.3.3　向所有已知的商品质疑

很多爆款商品的出现，都是踩着传统商品的肩膀来实现的。例如，现在十分流行的保温杯，就是在质疑传统保温杯没有设计感、保温效果不好、带出去没面子等一系列问题，然后从多个角度出发，着力去打造一款更好看、更有社交属性的保温杯。图3-16所示为星巴克保温杯。

图3-16　星巴克保温杯

图3-17所示为智能电视机界面。智能电视机就是通过质疑传统电视机只能观看电视节目，没有互动，无法拓展，冷冰冰没有温度等缺陷而反过来提出的解决方案，将操作系统加装到电视机中，让电视机不再只是一块屏幕，而是一个娱乐交互中心，让一家人可以重新围在电视机前。

图 3-17 智能电视机界面

商家在寻找痛点受挫的时候,可以通过反向提问的方式,让现有商品的诸多缺陷,变成自己的机会。通常用户对这些缺陷要么早已习惯,要么就只是抱怨几句,而创业者需要做的,就是找到缺陷并给出解决方案,最终打造出商品。

3.3.4 从用户主动性入手

总有些人,宁愿花钱,也要解决眼前的麻烦,来满足目前市场上还不能充分满足的需求。比如外卖,在没有美团和饿了么的时候,人们只能选择买方便面或者速冻食品,口味单一,并且还不够方便。有些人就宁愿打电话给附近的大排档,自己多加钱充当外卖费。这个时候,用户因为时间成本而渴望的上门餐饮服务,就是一个刚性的痛点,一旦解决了这个痛点,那潜在的价值将不可估量。于是,一时间各种外卖类 App 风起云涌,一派欣欣向荣的景象,如图 3-18 所示。

图 3-18 美团外卖和饿了么

商家在寻找用户痛点的过程中,一方面要站在用户的角度思考,另一方面也不能仅仅着眼于表面,要从深度和精度上做文章,从用户的行为习惯中去分析,从已有产品的缺陷里找方案。只有这样,才能赋予产品更高的价值,让用户和商品之间,产生深层次的互动和高频次的接触。

案例 找到商品并解决用户的痛点

今天顾客想买一条裤子,他最想看到的是什么?什么会促使他去购买?这就需要商家抓住客户的心理。

1. 让顾客产生划算的感觉

"退换也包邮;买2件减20;前100名送雨伞;买一送一以及满200减99"等,把吸引点和商品优势都罗列出来,直接展示在用户面前。尽管用户不需要那么多,但这样能让顾客产生捡了便宜的感觉。

2. 展示商品的主卖点

一个宝贝的页面,一定要分清主次,要做到开头点题、后面再强调以及重复卖点;同时也要有图有真相地把一件事情说透。比如,服装类商品最主要的卖点就是面料、款式、版型和做工。

3. 痛点与解决方案相结合

女人最怕的就是胖,因此女装最重要的一点是修身显瘦,给用户列出一堆的烦恼,让顾客联想到自己。对于痛点痛处,商家一定要讲透,针对痛点提出一些解决方案,但是说服力一定强。女装的设计更感性,因此页面需要美感,色彩与版式也要有较大的区别。

3.4 创业活动——找到目标并选择一款主营商品

根据前面所学内容,读者根据自己销售的商品,分别找到自己店铺的目标用户,通过分析找到目标用户的痛点并解决用户痛点。

3.4.1 创业故事——我做跨境电商遇到的"坑"

我只是一个平凡的小商家,创业上的"坑"基本都踩过,对刚入行的新手来说可能更有参考价值,下面大概说一下我的经历。

1. 2014—2016 年

这段时间我还在学校,是个淘宝卖家,同时兼职 Wish 卖家和亚马逊卖家,大部分精力被淘宝占用,因为跨境电商这时还是起步状态。

最初的我和很多跨境电商小白一样,连怎么上传商品都搞不懂,通过不断地尝试和学习才搞懂基本的操作。

小白期间踩过的"坑"在今天看来有点可笑,也都没有借鉴意义了,毕竟 Wish 的政策都变了。但是在这阶段给我的教训最深刻,就是要控制物流成本。

以前想要控制一件商品的成本,最先想到的是跟供应商压价格,但如果采购量不多,成本是很难压下来的。但经过一段时间,我发现控制成本从物流成本方面下手效果更好。

比如,同样发东欧的一个包裹,当初我要花费 60 元,在时间上要 2~3 周才能妥投。现在只需要 30 元就可以搞定,并且时效还更快,这比你跟供应商为了一两元钱磨来磨去效果好太多了。至于有些物流渠道好的卖家可以花费几美元,并且商品全球包邮,利润也就更为可观,这个是我想都不敢想的。

2. 2016—2017 年

这是我毕业后的第一年,和很多亚马逊卖家一样,我和同学两个人,两条网线和两台电脑,就敢在深圳做着年入百万的梦。

这也是我们最艰难的一年,踩过的"坑"数不胜数,总结如下:

(1)物流"坑"。

要压缩成本,应该最先从物流下手,这个对新手卖家可行性比较高,因为跟供应商压价格对于小卖家来说真的很难。

例如,我们有一种商品是非常轻的抛货,货值不高,所以厂家用的是通用包装。货物从国内寄出后,到亚马逊仓库,再到客人收到商品,这中间有头程运费和亚马逊的 FBA 配送费。

进行抛货时，在这两个环节当中，你都要为商品体积付出高昂的运费。后来，我们就给这个商品重新定制了一个不规则的包装，包装成本接近货值的 1/3，但是我们的商品售价却降下来了，利润还没有受到影响。

（2）旺季"坑"。

因为盲目迷信"旺季"这个噱头，我们在 2016 年 8 月给多数 SKU（Stock Keeping Unit）备了 2～3 倍于平时的库存，但一直到 11 月订单量都还没有明显上升迹象。其实所谓的"旺季"还是要看商品类目，有一些类目在"旺季"确实会有一个很大的订单量上涨，但对于我们当时的几个商品影响很小。

所以，备货时要时刻关注往年的数据，要做到理性备货，不能凭感觉。最简单可行的办法是搜索查看一下商品的主要关键词，然后看这些词在过去几年的趋势，再判断类目趋势。但不同国家的消费习惯差别还是非常大的，需要单独分析。

（3）供应链"坑"。

亚马逊卖家绝大多数都经历过商品断货和补货跟不上等问题。没断过货说明你是个不合格的运营，断货却对 listing（一个产品页面）存在非常大的影响。

断货有很多原因，有可能是因为供应商，有可能是因为货代运输，还有可能是因为商品订单量突然暴增等。其中只有运营是能控制的因素，可以提前预估好商品销量，其他两个因素就不能人为作决定了。

3. 2017 年至今

这一年（2017 年），我们找到了一个自认为还算稳定的盈利方式，然后说服了 4 个小伙伴跟我们一起战斗。经历过供应商海运的货打水漂，也经历了从铺货模式转到和工厂深度合作开发商品的模式。

我身边也有其他刚入行的朋友，问我怎么跟工厂合作开发商品，其实跟工厂合作有两个前提：

一是你需要对所在的品类非常了解，不然一套模具几万到几十万不等，没有九成的把握，以我们这种小商家的风险承受能力，一两款就可以让我们破产。

二是要"喂饱"工厂老板。开发新品是非常需要金钱、时间、体力和耐心的，对你来说是这样，对工厂老板来说也是这样。如果你开发的新品没有足够的返单，那跟这个工厂可能很难有再一次的合作了，毕竟很多工厂是靠后面的返单才有足够利润的。

3.4.2 技术引进——了解用户的爽点和痒点

1. 什么是爽点

人在满足时的状态叫愉悦，人不被满足就会难受，就会开始寻求。如果这个人在寻求中，能立刻得到即时满足，这种感觉就是爽，所以爽点就是即时满足。

图 3-19 所示为盒马生鲜零售商超，其实就是即时满足了用户。用户不想出门买菜做饭，那就在线上下单购买生鲜食物，半小时内新鲜食物就会送到家，让用户得到"想要就有，马上就有"的体验。

图 3-20 所示为美拍 App，直接提供了自动美化和处理的功能，一键帮用户拍出美美的照片。这些都是抓住了用户难受的点，即时性地满足了他们的需求。

2. 什么是痒点

痒点是满足虚拟自我。什么是虚拟自我？就是想象中那个理想的自己。比如，看偶像剧、追星、看网文、看英雄故事、看网上的名人八卦、看名人的创业故事和成功神话时，你情不自禁投入关注的内容，主角是"我"，是你自我想象的一个投射。

图 3-19　盒马生鲜

图 3-20　美拍 App

据数据分析,二三四线城市的小镇青年亲手造就了 2017 年的电影票房总冠军《战狼 2》,他们之所以愿意走进电影院,其实就是因为电影符合了他们的口味,满足了他们心理预期的"拳拳到肉真刀实枪,爱国主义燃爆",如图 3-21 所示。

图 3-21　《战狼 2》电影海报

抖音 App 和快手 App 的区别在于快手 App 就像一面镜子,记录的就是最真实的自己;而抖音 App 则是依靠音乐和特效元素,成为一个哈哈镜,帮你塑造心中的虚拟自我,看到更好的理想的自己,如图 3-22 所示。

图 3-22　快手 App 和抖音 App

网红小吃的畅销也是依托痒点。图 3-23 所示为网红款"紫苏桃子",有许多人会坐很长时间的车,就是为了吃这款网红小吃。有人会问它为什么会如此畅销呢?原因就是利用了用户痒点。

图 3-23 网红小吃

我们看的霸道总裁小说、英雄主义电影、偶像剧、名人创业故事和各种鸡汤文,其实我们关注的并不是这个人的真实经历,而是会情不自禁地把自己投射为故事中的主角,以"我"的视角去过主人公的人生,以一个旁观者的角度实现逆袭。

3. 什么是商品的入手点

商品的入手点分别是痛点、爽点和痒点。无论是哪一点,只要抓得准,都可以成为商品的切入点。做一个商品,要么帮助用户抵御恐惧,要么即时满足用户的需求,要么帮用户看到理想中的虚拟自我,如图 3-24 所示。

图 3-24 商品入手点

例如饿了要吃东西,"吃饱了"和"吃得很满足"则区别很大。吃个馒头能饱,但是仅仅满足了功能需求,不能支持好商品的概念。酣畅淋漓地吃感觉很爽,这就是爽点,这是好商品。怕吃火锅长胖,抓住这一点的恐惧,抓住痛点,就有商品空间可以做。

当前的网红餐厅为什么那么红,是好吃?还是什么?用户点一份干冰爆米花,吃一半,两个耳朵往外冒干冰的白气,人人都会拍张照然后发朋友圈,这是痒点。

决定一个商品是否可以持续爆火,还是从商品的最终根源入手,即这个商品是否很好地满足了用户的某一个痛点、爽点或痒点。

案例 分析痛点、爽点和痒点

图 3-25 所示为购物场景,针对购物事件分析痛点、爽点和痒点。

图 3-25 购物场景

痛点：自己要去实体店购买，花费时间。购物花费过高同时还需要自己拎包等。

痒点：看到心仪的商品想立即拥有，会虚拟出自己拥有该商品时的高兴，以及该商品所带来的心向往之的高品质生活。

爽点：看了很久的东西，突然偶遇卖家搞活动，自己欣喜若狂，并以原来一半或者更加优惠的价格购买下来。

课堂练习　完成用户访谈报告

根据所学内容，读者针对三个模拟目标用户，如图 3-26 所示。进行用户访谈后，完成用户访谈报告的撰写。

图 3-26 三个模拟目标用户

3.4.3 任务实施——找到目标用户并选择一款主营商品

1. 活动内容

（1）读者根据前面所学内容，找到自己店铺的目标用户；

（2）读者通过分析找到目标用户的痛点；

(3) 通过选中一款主营产品解决用户痛点。

2. 活动要求

(1) 学生通过绘制用户画像分析法或用户访谈分析法找到自己店铺的目标用户；
(2) 学生选择的商品能够解决目标用户的痛点且是具有竞争力的产品。

3. 活动评价

(1) 寻找目标用户评价：
- 用户画像是否正确；
- 用户访谈过程是否完善。

(2) 解决用户痛点评价：
- 用户痛点是否能够满足目标用户；
- 选择的主营产品是否属于店铺品类中的一种。

3.4.4 举一反三——绘制自己店铺用户画像并分析痛点

根据前面所学内容，学生绘制想象中自己店铺中的用户画像，并通过分析找到目标用户的痛点，参考用户画像如图 3-27 所示。

图 3-27 用户画像

3.5 本章小结

本章着重介绍了店铺产品选择的相关知识，通过讲解寻找用户痛点的方法，帮助学生了解店铺产品选择的原理和要点。同时，学习解决用户痛点的技巧，从实际案例入手，掌握用户画像的绘制方法，进而掌握选择店铺经营产品的方法和要点。基础知识学习任务与实训任务完成后，通过课后习题帮助学生巩固和加深对基础知识的理解。

3.6 课后习题

完成本章内容学习后，接下来通过几道课后习题测试学生的学习效果，同时加深学生对所学知识的理解。

3.6.1 选择题

1. 下列选项中，用户画像的正确操作步骤是（　　）。
A. 写出人群定位的样子→确定人群定位→列出产品关键词→纠正偏差
B. 列出产品关键词→写出人群定位的样子→确定人群定位→纠正偏差
C. 写出人群定位的样子→列出产品关键词→确定人群定位→纠正偏差
D. 写出人群定位的样子→纠正偏差→列出产品关键词→确定人群定位
2. 下列选项中，（　　）属于访谈流程的前期准备工作。
A. 设计访谈问卷　　B. 调整修改问卷　　C. 访谈材料整理　　D. 访谈执行
3. 下列选项中，（　　）属于用户画像分析的意义。
A. 增强竞争力　　B. 完善产品　　C. 精准营销　　D. 个性化运营
4. 下列选项中，（　　）属于网站平台确定内容。
A. 品牌属性　　B. 基本属性　　C. 衍生属性　　D. 价值属性
5. 下列选项中，（　　）属于进行用户访谈之前的注意事项。
A. 强调访谈目的
B. 明确访谈要达到的目标
C. 选择中立场所
D. 对访谈者进行用户细分

3.6.2 填空题

1. 用户画像分析意义主要有_____和_____，这两点是未来个性化发展趋势的必然要求。
2. 大家都关心的问题要在商品的展示页中第一时间展示出来，以_____。
3. 访谈流程主要包括_____、_____和_____3个方面。
4. _____是指尚未被满足而又被广泛渴望的需求，得不到满足还会让人恐惧。
5. 产品的入手点分别是_____、_____和_____。

3.6.3 创新实操——使用用户访谈分析法调研市场

根据本章所学内容，学生通过用户访谈分析法找到自己店铺的目标用户，从目标市场、消费群体、消费习惯、影响市场的主要因素、产品现状和市场趋势等方面进行分析，如表3-2所示。

表 3-2　市场调研分析

项　目	内　容
目标市场	
消费群体	
消费习惯	
影响市场的主要因素	
产品现状	
市场趋势	

第 4 章　最小可行化商品

最小可行化产品（Minimum Viable Product，简称 MVP）是一种避免开发出客户并不真正需要的产品的开发策略。了解最小可行化产品概念有助于学生更好地创新与创业。本章聚焦精益创业、最小可行化产品与爆品方法论的相关内容，帮助学生从实践的角度掌握最小可行化产品的相关知识。

4.1　了解精益创业

精益创业由硅谷创业家埃里克·莱斯（Eric Ries）2012 年 8 月在其著作《精益创业》一书中首度提出。其核心思想是向市场推出极简的原型产品，然后在不断地试验和学习中，以最小的成本和有效的方式验证产品是否符合用户需求，并灵活调整方向。图 4-1 所示为埃里克·莱斯及其著作。

图 4-1　埃里克·莱斯及其著作

4.1.1　精益创业的背景

店铺始终处在充满不确定性的环境中。科技不断进步，消费者需求不断变化，经济和政策环境一年一个样，竞争对手为了他们自身的生存发展也想尽办法。店铺做的很多工作，例如调研、咨询、信息搜集和引进更优秀更有经验的人才，归根结底都是为了应对未来的不确定性。而创新是一件自带不确定性的事情，无论是什么规模的企业，为了自身的发展都必须进行创新。

创业者希望投入能获得预期的回报。开始创新项目之前，创业者总是会试图搞清楚自己的产品是否能满足消费者的需求。企业会做行业研究、用户调研、竞品分析和前景评估，尽可能在项目开始之前降低风险。可是，市场常常给人"惊喜"。许多企业投入大量资源做出了产品，上市了才发现自己做的全都是自作多情，最终只好铩羽而归。

4.1.2 拆解精益创业

市场这么难以捉摸，创业者应该如何进行创新呢？精益创业给创业者的解决方案是：先用最小的成本试试看，再不断循环迭代。

1. 试试看

（1）你以为的未必是对的。

（2）你想的需求未必是消费者真正需要的。

（3）你的解决方案，也未必是正确的。

所有的研究分析都只是理论，都只是对产品真实情况进行的一系列假设。为了证明这些假设，创业者必须进行一系列针对目标消费者的实验。只有在实验中收集信息，才能知道假设能不能成立。用实验的方式"试试看"，是验证假设的最好方法。

"试试看"以后，创业者应该能更好地回答下面这些问题：

（1）我们的产品真的是消费者需要的吗？

（2）实际的消费者和设想的是同一群人吗？

（3）现在是进入市场的时机吗？

（4）消费者使用产品的过程跟设想的一样吗？

（5）消费者使用产品的意愿和设想的一样吗？

（6）消费者对产品的感受怎么样？

（7）消费者愿意为产品支付我们期待的价格吗？

创业者在整个实验过程中会收集到大量的信息，这些信息会降低产品的不确定性。创业者可能会发现市场确实对你的产品有着强烈的需求，也可能发现规划了很久的产品无人问津。

有一些假设会被推翻，创业者要对这些假设重新评估，按照新的方向调整产品，最终让产品表现达到预期。

当然，实验有可能会证实整个产品就是个彻头彻尾的错误。这对于创业者来说也未尝不是件好事，越早止损就可以越早转向下一个更有机会的方向。

2. 最小的成本

新产品的上架一般都伴随着许多美好的愿望，可是现实往往比想象骨感。

很多产品上架前的调研和假设都可能会被实践证明是个错误。这意味着创业者在这方面投入的资源都白白浪费了。这里被浪费掉的资金和人力成本还是小事，浪费导致错过了市场机会才是最可怕的。

对于创业者，尤其是第一次创业的人来说，这样的浪费可能是致命的。

既然错误不可避免，创业者只能尽可能以最小的成本进行尝试，把失败带来的浪费降到最低。

以"最小的成本"尝试，减少浪费，才能拥有最多的可能性。"最小的成本"意味着在大刀阔斧开工之前，用最小的代价让目标用户提供反馈。

如果创业者的产品要通过电商平台提供服务，那把平台的核心流程做好就可以上线了。不要等到平台的方方面面都打磨好了才上线。有用比好用重要得多。如果服务能在微信公众号上提供，也不要做什么网页，这样的成本可能更低。

3. 循环迭代

一件商品上架后，有热卖或不卖两种情况，无论是哪种情况，创业者都要针对客户反馈意见以最快的速度进行调整。热卖商品迅速补货并上架同系列产品，不卖的商品要及时下架，并调换新商品。对于电子商务来说，速度比质量更重要，客户需求快速变换。因此，不要追求一次性满足客户的需求，而是通过一次又一次的迭代不断让产品线丰满。

循环迭代不单单表现在电子商务行业中，也适用其他行业。比如软件开发行业，微信第一年就发布了15个版本。

按照正常的流程，产品上架前，应该对销售情况进行假设，做好数据收集；产品上架后，对假设进行验证，总结遇到的问题，决定如何在下次迭代中调整商品。

然而在实践过程中，总结和分析的流程往往做得不到位，产品换了一批又一批，最后积压了一堆销量达不到预期的产品。

作为即将从事电子商务行业的创业者，精益创业的内容如表4-1所示。

表4-1 精益创业内容

选 择	从自己感兴趣的事情开始，这件事可能比较小，却是可以被观察、被不断验证效果的
评 估	自己有什么样的资源；需要什么样的资源；如果做下去有什么后果
心 态	做事的过程中需要保持开放的心态，不断向有经验的同行学习，以最小的成本尝试验证。如果验证过程是对的就要全力聚焦
团 队	要不断观察团队的成员在做什么，保持比较小的体量和灵活性，以便迅速改变错误的方向，执行力要强

4.1.3 精益产品设计

基于精益创业思维方式衍生出了精益产品设计方法体系，本方法由产品立项、产品验证、MVP设计以及数据迭代四步组成，通过这四部分的不断迭代，将一款产品从最小可行性产品打造成一款优秀的产品，如图4-2所示。

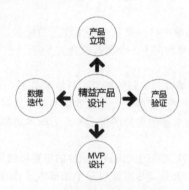

图4-2 精益产品设计方法体系

1. 产品立项

每一款产品的想法都不是凭空出现的，美团的创始人王兴曾经提出过"四纵三横"理论，四纵是娱乐、信息、通信和商务；三横则是搜索、移动和社交。王兴认为，未来优秀的产品都是在这"四纵三横"中需求的交叉点产生的新的产品。"四纵三横"理论体现了移动互联网时代的发展趋势，可能也是很多产品出现的一个想法启蒙，但无论怎样都会有一个产品立项的理由。

传统的产品立项需要经过BRD（商业需求分析文档）、MRD（市场需求分析文档）、PRD（产品需求分析文档）等各种文档的编写和审核，但是在精益产品设计理论中，抛去了上百页文档的编写，只将其中最重要的内容凝聚成一页纸来体现，这就是精益画布。精益画布的具体内容如表4-2所示。

表4-2 精益画布的具体内容

问题	是否需要解决的三个问题
解决方案	产品最重要的三个功能
关键指标	制定监控数据指标
独特卖点	用一句简明扼要但引人注目的话阐述为什么你的产品与众不同并值得购买
门槛优势	无法被对手轻易复制或买去的竞争优势
渠道	如何找到用户
客户群体分类	目标用户群体
成本分析	争取用户、销售产品以及研发产品的成本费用
收入分析	产品的商业模式

在产品立项阶段，要将产品的设想和设计进行内容的整理，填充到精益画布中，形成一个精简的产品调研文档。制作好的精益产品画布并非一成不变，其中的内容会随着精益产品设计流程不断迭代和优化。精益产品画布内容的填写其实就是不断完善产品的各方面信息，从而形成关于产品的最初架构。

（1）解决方案。

在获取用户问题以及现有解决方案后，要针对自己的产品形成新的解决方案，新的解决方案要与现有解决方案有所不同，从而形成自身的核心竞争力即门槛优势。

（2）关键指标。

产品上线后，会对收集的数据进行分析，发现更多有价值的信息。关键指标即确定产品上线后的一些数据指标，为数据分析提供参考和支撑。

（3）独特卖点。

独特卖点是指产品的特点，通过一句话描述产品的功能和特点吸引用户。

（4）门槛优势。

门槛优势是指产品的核心竞争力，通过门槛优势的打造，让竞争对手无法轻易超越你，如百度的门槛优势是搜索，腾讯的门槛优势是社交等。

（5）渠道。

渠道是指商家的用户都是从哪些地方获取商家的产品信息，例如搜索引擎、朋友圈以及广告等都是产品获取用户的渠道。

（6）客户群体分类。

针对商家的产品，找到商家的用户群体，哪些用户是产品的早期用户？哪些用户是产品的潜在用户？这些对于产品需求的验证有很重要的作用，毕竟产品是给用户使用的。在产品调研前期没有数据支撑的情况下，商家需要找真实用户进行访谈，从而获取第一手资料，为精益产品画布中内容的验证提供依据。

所以，对产品用户群体的分类和明确，具有很重要的作用。用户群体分类和明确的方法可以通过用户画像进行刻画。

（7）成本分析。

一款产品的研发、运营、推广以及用户的获取，都是需要消耗一定的成本的，在成本分析处将产品的成本压缩至最低。

（8）收入分析。

收入分析是指对产品商业模式进行探索，研究产品是如何挣钱的，产品能在每一个用户身上获取多少利润等。

2. 产品验证

在产品立项时，已经将产品的各种信息填入精益画布，现在需要对精益画布中的内容进行验证，判断是否符合真实用户和市场的诉求。

这里就需要对产品的核心三要素进行验证，用户、需求和场景。通过验证以确定用户在特定场景下是否遇到了某一问题，从而产生了某个需求。产生的需求就是商家产品的设计源泉。

关于验证方式的选择，因为产品并没有上线还没有数据的积累，所以在这个阶段产品的验证更多的是通过对真实用户进行访谈的方式来获取验证结果。

用户访谈是定性分析的一种，也是产品设计阶段获取用户真实需求的最有效方式之一。通过用户访谈，了解用户遇到的问题、现有的解决方案以及用户的愿景，通过对这些信息的获取来验证精益画布中我们填入的信息是否足够准确。通过用户访谈内容的总结，对精益画布中的内容进行修改与优化，进一步完善精益画布内容。

3. MVP 设计

MVP 是指最小可行产品，是精益创业理论中提到的概念，是指通过最小可行产品来尽快上线验证用户、市场的反馈，实现快速迭代，逐步完善。

（1）做减法。

通过前期的用户访谈、头脑风暴等过程，作为产品经理应该已经形成了一个产品的需求池。接下来就要对需求进行优先级排序，筛选出核心功能的需求进行 MVP 产品设计。在这个阶段需要对产品的功能做减法，尽可能减少 MVP 产品的功能需求，让 MVP 产品可以以最少功能满足用户需求，解决用户问题即可。

MVP 产品的功能应尽可能少，只要保证 MVP 产品可以解决用户问题，满足核心业务流程即可。

（2）验证 MVP。

MVP 产品诞生后，需要进行验证。创业者可以采用用户体验要素模型进行验证，如图 4-3 所示。

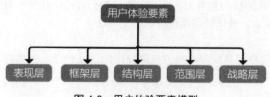

图 4-3 用户体验要素模型

用户体验要素模型由五部分组成，是由战略层到表现层所体现的。

① 战略层。

战略层是指明确用户需求与产品目标，这个层面的内容在产品立项时就已经明确。

② 范围层。

范围层是指明确产品的特性和功能，在上面提到的做减法时说过，将产品需求池中的需求进行排序，筛选出最核心的功能需求构建 MVP 产品，在范围层的验证就是验证用户对于 MVP 产品功能是否认可。

③ 结构层。

结构层是指产品的交互设计、信息架构设计以及产品的业务流程图等，通过对结构层的验证，验证用户在使用产品核心功能时能否高效便捷地完成目标任务。

④ 框架层。

框架层是指产品的界面、导航和信息设计，验证用户能否在使用产品的过程中快速找到功能路口。

⑤ 表现层。

表现层即用户的感知设计，例如，产品界面风格设计、视觉设计等。以此验证用户对产品的风格是否买单。

4. 数据迭代

精益创业理论强调产品上线后，通过不断地测试、验证，迭代产品设计，按照用户和市场匹配原则进行产品的迭代。

经过上述三个步骤后，MVP 产品上线运营，开始沉淀用户数据进行 MVP 产品的迭代优化。在产品验证以及 MVP 产品设计阶段，因为没有数据的沉淀，所以需要从真实用户处获取数据和信息。随着产品上线，用户以及用户数据的逐步沉淀，进行产品功能、方向上的决策开始以数据为导向。

（1）产品生命周期。

产品生命周期理论最早由哈佛大学教授弗农·史密斯（Vernon Smith）提出，是指产品从准备进入市场开始到被淘汰退出市场为止的全部运动过程，是由需求与技术的生产周期所决定，是产品或商品在市场运动中的经济寿命，即在市场流通过程中，由于消费者的需求变化以及影响市场的其他因素所造成的商品由盛转衰的周期。产品生命周期主要是由消费者的消费方式、消费水平、消费结构和消费心理的变化所决定的，一般分为引入期、成长期、成熟期和衰退期四个阶段，如图 4-4 所示。

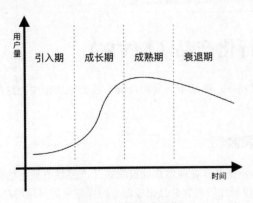

图 4-4　产品生命周期

(2）精益数据分析框架。

戴夫·麦克卢尔（Dave McClure）将创业公司最需要关注的指标分为五大类：获取用户、提高活跃度、提高留存率、获取营收和自传播，如图 4-5 所示。

图 4-5 精益数据分析框架

① 获取用户。用户知道你的途径。通过搜索引擎优化、搜索引擎营销、邮件、公关稿、公众号和短视频等方式。

② 提高活跃度。访客是否会订阅、使用或者操作。涉及功能、设计、措辞、补偿和可信度等产品方面。

③ 提高留存率。用户在初次使用后是否会继续使用。通过消息、提醒、邮件和更新等方式。

④ 获取营收。能够从用户的行为中获得收入。通过交易、点击、订阅和打赏等形式。

⑤ 自传播。用户是否愿意帮助推广产品。通过邮件、广告、转发、评论和点赞等方式。

数据分析框架的诞生，有助于理解创业和创业在不同的阶段所经历的变化，并助力创业公司获取客户和创造营收。每一套框架对创业的生命周期都有着不同的视角，分别提出一系列值得关注的数据指标和领域。

与产品生命周期相对应的是不同阶段所重点关注的数据指标，OMTM（唯一关键指标）源自精益创业，是指增长团队无论产品处于生命周期中的哪一个阶段，都要始终明确将一个关键指标作为当前阶段产品设计、运营和增长的首要目标。

结合用户生命周期曲线以及精益数据分析框架，在 MVP 产品从探索到成熟期的过程中，我们将每个阶段需要关注的 OMTM（唯一关键指标）进行了大致划分，如表 4-3 所示。

表 4-3 OMTM（唯一关键指标）划分

阶 段	关 注 内 容
引入期	关注用户获取、提高产品活跃度和留存率
成长期	关注产品自传播属性
成熟期	关注产品营收数据

4.2 最小可行化产品（MVP）

为了提高创业的成功率，降低不必要的风险。在商家店铺中上线的第一款产品，一定是一款最小可行化产品。

4.2.1 MVP 的概念

最小可行化产品是指刚好具备能够帮助商家表达产品核心概念的部分功能的产品。商家可以将最小可行产品提供给比较宽容并且比较愿意回馈意见的早期用户，如图 4-6 所示。

图 4-6 什么是 MVP

4.2.2 MVP 的目的

按照常规的销售模式,从产品调研到推向市场,会是一个漫长的过程,而且很难有人会保证成功率。然而,以 MVP 进行小样调研,快速进入市场、接触客户并得到反馈,通过反馈不断修改产品,并进行不断地迭代开发,可以极大减少试错成本,这就是最小可行化产品(MVP)的目的。

4.2.3 MVP 的模型分类

和常规产品不同,MVP 更侧重对未知市场的勘测,用最小的代价来验证商业模型的可行性。MVP 的模型分为"可行的 MVP"和"昂贵的 MVP"两种。

1. 可行的 MVP

可行的 MVP 也是较为常用的 MVP,接近商家的目标客户,把现有未完成的产品低价出售。如果用户乐意接受,则产品验证成功;反之,失败,但这并不影响项目的进程。

> **案例** 一种可行的MVP
>
> 小浩做了一款社交付费 App,目前做好了文字沟通功能,语音通话尚未解决。此时的小浩希望知道这个方案是否靠得住,于是走访了多家企业出售他的半成品 App,市场反馈良好。于是小明拿到了第一笔钱,继续研发。

2. 昂贵的 MVP

昂贵的 MVP 是指将所有部分开发好,接近客户并尝试以高价推销出去,其间通过不停地修改产品的功能和定价,最终实现产品验证。

> **案例** 一种昂贵的MVP
>
> 小浩做了一款社交付费 App,不仅完成了通话功能,还做出了打赏功能。此时的小浩希望知道这个方案是否靠得住,于是走访了多家企业出售他的半成品 App。很多企业很满意,但觉得价格过于高昂,于是小浩将部分功能删减,App 以半成品状态继续推入市场。

4.2.4 好的 MVP

现在的电子商务平台上有很多的 MVP 产品,例如预订水果产品。用户只需要了解果树的位置和生长情况,然后支付定金,等水果成熟后,商家再发货。这就是一种可行性的 MVP。

一个好的 MVP 一定要做到满足客户的必要需求。尽管许多客户的意见各异,调和其中需求是不可能的，但事实往往相反，通过多次市场测试，可以得到更多的市场意见。商家可以获得越来越直观、高效的 MVP。而这种 MVP，又将会成为面向市场的第一款产品。

> **案例** 通过MVP测试汽车是否可行

假设汽车还没出现之前，你怎么通过 MVP 测试汽车是否是可行的？

第一种方式：你造一个轮子，看用户喜不喜欢？或者两个轮子？或者一个汽车壳？如图 4-7 所示。

图 4-7 第一种方式

第二种方式：你想知道用户喜不喜欢滑板？然后滑板车？自行车？摩托车？汽车？如图 4-8 所示。

图 4-8 第二种方式

第一种方式一定测试不出来，因此它不是一个好的最小可行性产品。而第二种是好的最小可行性产品。为什么呢？因为 MVP 本质上是测试用户想要解决的需求是否真实成立，而这个背后的需求是最难想清楚的。

如果你想要测试汽车是否可行，那么背后的真实需求其实是"出行"，要能帮助用户实现更好的出行。那么一个滑板、自行车以及摩托车等就是比较正确的最小可行性产品，因为如果用户用它们，说明更好的出行这个需求是真实存在的。

4.2.5 打造成功的 MVP

关于如何构建最小可行产品（MVP）有许多观点，不过往往是基于特定的经验。因为每家公司的情况不同，并不适用所有情况。创建出一个比较优秀的 MVP，主要包括 5 个组成部分，如图 4-9 所示。

1. 找到你的价值主张

一个清晰而有针对性的价值主张，可以让潜在用户立即理解，这将有助于指导之后的 MVP 决策。

当你在考虑构建 MVP 并带给潜在用户使用时，应该明确要解决的问题和想法。没有什么比承诺减轻或者解决他们当下问题更具有激励性了。

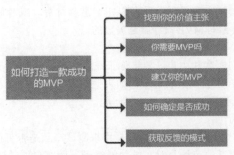

图 4-9　制作优秀 MVP 的 5 个组成部分

随着时间的推移，看到客户反馈数据后，你可能会更新或重新调整价值主张。但最基本的价值定位是不变的，这是指导其他 MVP 决策的关键。

2. 你需要 MVP 吗

创建 MVP 并不总是验证产品可行性的第一步，其他形式的测试或更快的步骤同样可以帮助证明产品的可行性。

有了价值主张后，先不要急着开发 MVP，因为在这个阶段，并不是每一家创业公司都需要 MVP。因为 MVP 并不是测试一个想法或产品市场可行性的唯一方法。

例如，概念验证或原型可能更合适。MVP 的核心是具备核心功能产品，你可以将其发布给公众测试，并具有一定的扩展性。

概念验证是一种内部测试，你可以在这个阶段确保能够执行自己的想法。它通常是简陋的、笨重的，但在粗糙的外表之下，是一个运转良好的系统。通过概念证明，可以解决价值主张中概述的问题。

原型是下一步骤，或者你不需要概念验证。原型展示了产品将要做的视觉或触觉感受。它让你和测试人员看到了前进方向，让价值主张更为具体化。要让目标客户理解原型的价值，即使它还不是真正的产品。

3. 建立你的 MVP

为客户现有的问题构建解决方案，而不是你自己认为可能有的问题的解决方案。

简单地说，你应该要明确自己的 MVP 应该具体有什么样的核心功能。基于价值主张，你可以用最省力的方法来解决客户面临的问题。

构建 MVP 有三个步骤，分别是功能选择、商业模式和反馈策略。

（1）功能选择。

从理论上讲，确定核心功能是很容易的。例如你遇到了问题，直接找出可以解决问题需要的功能。

你最初构建产品的想法是为了解决在市场上发现的问题。但随着时间的推移，这个想法不断演变，其他想法开始出现，接着不断调整，最终改变了它的功能。

所以要先用最简单的方法解决问题。如果不能奏效，或者让人很难理解，那么就说明你没有解决问题。

（2）商业功能。

找到你的 MVP 或产品的盈利点，并确定一种方法来测试。

如果你已经用 ghost MVP 验证过商业模式，那么就可以上路了。如果没有的话，可以发布一款能带来收入的可行产品。也许你的业务模式不是 B2C 或者 B2B 模式，不必直接向客户收费。但是确定最终的盈利点和测试产品如何产生收入与确定 MVP 的解决方案和功能一样重要。

如果你不测试商业模式，到最后发现人们并不愿意付费，或者你没有以一种鼓励交易发生的方式解决问题，那么你的 MVP 设计就是失败的。

（3）反馈策略。

这里最重要的是区别顾客和用户。如果你正在解决的问题让很多人愿意付钱，那么这个 MVP 就是成功的，你走在了正确的轨道上。如果他们没有付费，或者商业模式没有获得收益的渠道，那么就继续挖掘数据，找出哪里出了问题。

4. 如何确定是否成功

在构建 MVP 时，另一个需要考虑的问题是用来测试产品是否可行的参数。这可能包含很多东西，它可以是部署测试的市场、发布的功能授予不同客户群的访问级别，以及收集的用户使用、体验和反馈的数据。

只有掌握外界测试的参数，才能确定 MVP 是否成功。如果你不能确定用户喜欢什么，他们如何使用产品，他们被卡住的地方，以及不同细分市场使用感受，那么你将很难从 MVP 中得出有效的结论。

因此，最好尽早确定这些参数。根据价值主张，看看目标用户的细分市场如何反应。有哪些潜在的模式可以了解人们的行为以及这些行为之间的差异。

实现这一点的一个方法是：画出用户在产品中的"旅程"，他们将如何与产品交互，他们将在哪里结束？

此外，一个快乐的用户是什么样的？或者一个不满的用户是什么样的？在这些情绪状态下，他们会做什么？这些是你的特定目标客户，应该对他们不同状态下会有怎样的行为都有清晰的了解。

5. 获取反馈的模式

一个成功的 MVP 能给你清晰的数据和反馈，让你知道如何改进产品。获得所需的数据主要有 3 个方法，可以让你从构建 MVP 中获得最大的回报。

（1）被动反馈数据。

可以从总销量、花费的时间、注册和登录等数据获取反馈信息。你的市场渗透率是多少？每个客户的平均消费金额是多少？病毒式传播因素是什么？

你要观察用户，以确定他们对产品的接受程度，这是一种非侵入性的检验成功的方法。这些数据是由产品或支持产品的系统被动收集的，要善于利用这些数据。

（2）单向反馈。

你可以要求客户在某个时间节点上提供反馈。这可能是在使用一周后，或者在他们免费试用但没有注册完整的软件包前。还可以为那些忠实的早期用户提供多个阶段的单向反馈，让他们在不同体验阶段填写反馈问卷。

这个方式可以让你得到一个更为明确的反馈，更容易地发现潜在问题。也许最需要获得反馈的群体应该是那些使用一段时间后，却最终离开产品的人。从这些人中，或许可找出为什么你的产品不能解决他们的问题或满足他们的需求。因此，他们的反馈是无价的，能帮你确定产品的弱点，调整目标和策略。

（3）双向反馈。

你可以通过电话或视频电话方式采访你的客户。虽然你可能已经有提问题的基本模板，但应该去深度挖掘一些问题。不要低估一次好的谈话的价值，它能反映客户的内在运作方式和他们的体验。

一个成功的 MVP 不需要像病毒一样传播。它不需要一夜之间拥有数百万客户。一个成功的 MVP 能够解决多个客户的问题。

案例 用户旅程图

用户旅程图就是一个人为了达到一个目标所经历过程的可视化表现。用产品管理的术语来说，就是用户从产品的第一次交互到最后一次交互的过程。

表 4-4 所示为打车服务的用户旅程图。用户旅程定义了需求和愿望，帮助你分析清楚团队应该关注什么？由表可以发现，用户旅程图的关键是制定基于用户旅程的假设。

表 4-4 打车服务的用户旅程图

	用户旅程	打车之前	上车	在路上	到达目的地
小浩，26岁，在北京某IT公司工作，自己没有车，经常打车上班或拜访客户，他发现拜访客户预订出租车的过程令人不满，总的来说，打车体验是负面的	用户目标	搜索打车服务；通过服务预订车辆	在路边找到车，上车	尽快到达目的地	到达目的地付费；对服务作出评价
	用户预期	很容易找到服务，很容易预订车	很容易找到车	旅程舒适；车况较好；司机知道路线	多种支付方式；得到费用明细
	具体过程	在网络上搜索服务，或者问同事；通过网络或打电话预订	等车，与司机协调，车到了马上上车	坐在车里	付车费；下车；向司机反馈本次打车体验
	用户体验	搜索服务时浪费大量时间；通过电话预订的糟糕体验	与司机协调困难；在路边找车困难	各种正面/负面体验	各种正面/负面体验
	接触点	网站、朋友、电话	司机	司机、车	司机、支付方式
	用户痛点	花时间搜索；糟糕的网站；打预订电话的痛苦体验；必须尝试多个服务	不知道司机在哪里；与司机协调困难；浪费时间	用此车不干净；司机不知道路线；司机开车不稳；司机没有礼貌	无法通过电子方式支付；司机没有零钱；没有提供费用单据；收取额外费用
	商机	集中式系统并请求订车；更好的网站或电话体验	精准定位司机位置	受过培训的专业司机；司机有GPS的帮助	多种支付方式；提供明细单据；反馈系统

4.3 爆品方法论

爆品不是普通的产品，而是颠覆了原有同类产品认知的产品，打造爆品要考虑是否能够抓住消费者的痛点。创新是做爆品必备的基因，有创新的爆品才能迎合消费者的心理需求。那么如何打造爆品呢？

换一个角度来说，爆品其实是一种新的商业模式。爆品的核心逻辑不在产品，而在于整个企业系统运转效率的提升，这种提升会让你与竞争对手拉开很大的差距。

从人性角度出发定义的爆品需要满足以下两点，如图 4-10 所示。

图 4-10　从人性角度出发定义的爆品满足条件

结合一段时间内的技术创新能力，好的产品设计师就可以看到产品设计的唯一方向或终局。此时，只需要锚定这个方向，集中资源，尝试无限地趋近最优解。

要打造出爆品后的迭代，则应依托技术的更新，不要为了迭代而迭代。爆品的模式会令企业获得系统性的结构优势，提高整个供应链的效率。

案例　打造一款爆品豆浆机

接下来，以研发一款爆品豆浆机为例讲解爆品方法论，如图 4-11 所示。这里理解的"研发一个爆品豆浆机"，不是真的通过一己之力把豆浆机做出来，而是梳理一个能做出爆品豆浆机的路径。

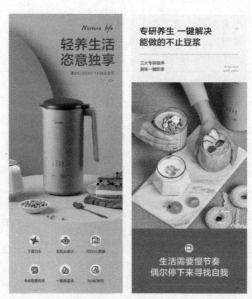

图 4-11　爆品豆浆机

1. 从人性出发，选准方向

豆浆机，现存问题是用着方便洗起来困难，那是不是应该先通过一些调查问卷、深度访谈的方法找不同人群明确一下使用过程中的细节，并将问题汇总归类。

然后，调查市面上现存的豆浆机品类（不限于品类，能完成泡豆子、磨豆浆、过滤以及煮熟过程的设备都在考虑范围），看看是不是有不能洗、不好洗的问题，还存在哪些其他用户不方便但不能明确说出来的问题。

列出问题后，综合调研市面上的技术手段，看是否可以解决或者改善这个问题。

例如不能洗，可以从电机密闭性出发，借鉴洗脸仪、剃须刀的密封工艺；不好洗，可以从材料表面抗污性能出发，借鉴不粘锅等表面涂层技术，或通过改变现有设备的形状，让使用者更好清洗；是不是可以不用拆开手洗，通过改变整件事的流程达到目的；正向过滤后，可通过反向冲刷，用洗碗机的方式自动清洗，后用高温或紫外杀菌消毒。

总之，通过调研明确问题，确认要解决问题的底层需求；明确市面产品的进展，以及现有的技术手段，运用关键词调研。

（1）明确需求：以满足最终需求为目的，不以现有产品为终局。
（2）明确现有功能和审美的问题：有的放矢。
（3）从人性出发：在审美和功能中找平衡。

2. 聚焦资源，打造 1.0——从 0 到 1

最终方案不是一蹴而就的，需要在草图基础上多次修正，尝试不同的设计、技术和材料，流程为：小试→模拟→打样→评估，然后循环。

（1）核心宗旨是从人性出发，在审美和功能中找到平衡。
（2）通过优质资源的整合，以及底层技术的开发两个层面，做到人无我有，人有我优，结合设计的力量，把产品做到极致。

3. 解决生产问题，从 1 到 100

新产品小试过程都很简单，但需要成规模的应用，可能会用到本行业没有的或者甚至需要定制的零配件或核心元器件，但可以向小米学习，尝试与元器件厂商联合开发。

（1）明确目标加速开发进程。
（2）分摊成本。

4. 不断迭代，无限趋近最优解

这个中间可能会遇到非常多的工艺调整，小试→模拟→打样→评估，然后循环。也会遇到借鉴相关行业技术的问题，购买专利技术以及联合核心团队再开发。也可以表现为目前只能想到方向，但无法展开细节。

（1）通过 1.0 产品的市场反馈，改善现有的不足之处。
（2）通过底层技术开发，将 1.0 中的权宜做法补充完善迭代，无限趋近设计之初的完美高度。

5. 定价和商业推广

要成为爆品，除了产品，后续的商业推广也很重要，包括定价和推广两个步骤。

（1）定价的部分可以向小米学习——平价，做成感动人心的国民产品。这样在国内也可以对山寨有天然的竞争力。也可以向惠人榨汁机学习，在有核心技术的情况下拉开与传统料理机的价格差距，做成高端的代表。
（2）商业推广可以借鉴小米树立口碑：品质＋简约设计＋平价的品牌。

4.4 创业活动——汇报展示最小可行化商品

4.4.1 创业故事——牛玩网的创业故事

牛玩网是一个分享新奇酷产品和使用体验的社区，也被称为"剁手站"。

我从苹果出来后，就跟李笑来（前新东方老师，"中国比特币第一人"）琢磨一起做些什么事情。我当时买了个 Jawbone UP 手环，如图 4-12 所示。李笑来看到了也很喜欢，就不断买来送人，后来我们把那家卖 Jawbone UP 的淘宝店买空了。

图 4-12　Jawbone UP 手环

我在苹果待了 4 年，一直在零售一线，对类似这样的电子产品还是有些敏感的。我就跟李笑来商量能不能做个网站售卖 Jawbone UP 手环这样的电子产品。李笑来认识当时业内很有名气的程序员李路，于是我们三个就在 2013 年 1 月 19 日第一次碰了面，决定一起创业。

我们取得了一个梦幻般的开局。网站上线第一天就卖出去 30 多个 Jawbone UP。这个小小的电商平台最初每个月只有二三十万的流水，赚的钱仅仅能给我们创始团队开工资。

我本来雄心勃勃计划放 50 个商品上去，把牛玩网变成一个汇集炫酷智能硬件的平台，后来才发现找这么多有品质的东西非常困难。在很长一段时间里，我们售卖的商品还是以 Jawbone UP 手环和一款蓝牙耳机为主。

不过这时我们发现，国内很多智能硬件和可穿戴设备的生产厂家都来自同一个地方——深圳。于是，我们把公司从北京搬到了深圳，因为作为一个垂直电商，我们需要离产业链更近。与此同时，国内很多天使投资机构也对我们的模式产生了兴趣，后来我们选择了能带给我们更多资源的创新工场。

最初，我们几个合伙人就定下了一个基调，这次创业一定要遵循精益创业理论，即先向市场推出极简的原型产品，然后在不断地试验和学习中，以最小的成本和有效的方式验证产品是否符合用户需求，同时灵活调整方向。

当时，我们在垂直电商上的探索应该说还算成功，除了自己淘宝店的生意，其他产品都是导向官网以及亚马逊等大电商网站，也有一些收益。不过，我们始终认为一个简单的导购或电商不应该是网站的终极方向。

最初我们尝试过"产品预售"，后来我们发现会因为完全无法控制产品的生产进程导致产品跳票，发不了货，用户的体验就不太好。后来，我们做预售之前就会先评估产品的可靠性。

然后，我们又尝试帮助硬件创新团队提供产品的早期验证平台，搜集用户意见改进产品，投放市场后再引发用户评论。当时我们和 Betwine 手环合作，所有被邀请的用户将提前拥有 Betwine 手环。可是由于工程版的东西并不吸引人，而且做验证需要技术门槛，导致愿意帮助验证的用户非常少，这种模式也就没有持续下去。

再后来，我们涉足"众筹"。但也引起了很多反思：一是用户对新东西没有那么大的兴趣；二是众筹金额一旦超过一定价格就缺乏吸引力，也就是说用户只喜欢用很少的钱来"玩"。于是，这个方向我们也没有再继续。

通过这么多尝试，我们逐渐意识到自己的优势在于消费者。于是，牛玩网彻底转型为以消费者为主的社区。那一年多的积累让我们跟其他垂直电商有了不一样的价值：一是我们的用户非常精准，活跃度高，都是喜欢智能硬件或对生活品质有追求的一批人；二是我们的平台上已经积攒了将近一万个产品，工具性很强，是这个领域产品最全的网站。

我们引入了社交关系，希望通过一些有代表性的中立言论降低购买成本。我们也希望消费者的意见能够引导创客和工厂去改进以及研发新产品。简单来说，牛玩网的价值是能够让合适的东西卖给合适的人。我们的商业模式并不复杂：通过产品吸引用户进入社区，通过消费转化用户，再产生内容吸引新用户。

4.4.2 技术引进——了解小米生态链

以手机起家的小米，在 2013 年底，启动了小米生态链计划。当小米电视、路由器、手环纷纷进入大众视野之后，外界才反应过来：小米不是一家单纯的手机厂商，而是要做一个"百货公司"。

虽然小米手机收获了大量的用户，但是国内手机市场竞争日趋激烈，已经不是一家公司能够具有明显优势的时代了。而雷军采取的方式是，用资本的方式来扩张产品线。以小米手机为核心，辅以周边的小米生态链投资公司、结盟合作，将各种产品渗透入用户家庭。

雷军表示，想用小米模式切入 100 个细分领域，带动整个智能硬件的发展，把小米从一个大船变成舰队。图 4-13 所示为小米生态链投资图谱。

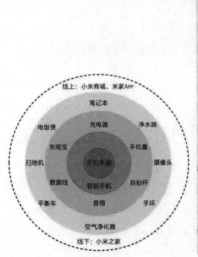

公司名称	融资轮次	业务方向	公司品牌	加入时间
云丁科技	C+	智能锁	云丁、鹿客	2017.1
小蚁	C	智能摄像机	小蚁	2014.12
纯米	C	电饭煲	米家	2015.1
绿米	B	插座、无线开关	米家、Aqara	2014.6
智米	B	空气净化器、电风扇	米家、智米	2015.4
青米	B	智能插线板	小米、青米	2015.3
青岛亿联客	B	床头灯、LED智能灯泡	米家、Yeelight	2014.2
云柚科技	B	智能锁	云柚	2014.9
云米	A	智能小家电	小米、云米	2014.7
洒哇地咔	A	擦地机、吸尘器	洒哇地咔	2017.2
峰米科技	A	智能电视、激光投影仪	米家、WEMAX	2016.6
爱其科技	A	DIY智能机器人	米兔	2015.11
小吉科技	A	洗衣机、冰箱	小吉	2017.7
爱必达	A	花盆、检测仪		2017.4
金史密斯	A	跑步机	WalkingPad、金史密斯	2016.4
机器岛	A	智能玩具	米兔、机器岛	2016.5
趣睡科技	A	乳胶床垫	8H	2015.5
宗匠科技	Pre-A	灯光化妆镜	Amiro、PureLux	2017.11
石头世纪科技	Pre-A	扫地机器人	石头、米家、小瓦	2015.9
花花草草	Pre-A	花花草草监测仪	花花草草	2016.3
创米	天使轮	万能遥控器、智能摄像机	小米、米家小白	2014.12
睿米	天使轮	手持无线吸尘器、空气净化器	0.7	2016.5
追月科技	天使轮	智能小家电、智能机器人	/	2018.4
球洛查摩	天使轮	空气净化器	/	2014.9
小沐电子科技	战略融资	智能马桶盖	小沐	2017.7
华来科技	战略融资	智能摄像头、无线遥控器	小方、大方	2017.11
星月电器	战略融资	空气净化器	造梦者	2017.9

图 4-13 小米生态链投资图谱

小米生态链的投资围绕着以下六大方向开展。
(1) 手机周边：耳机、移动电源和蓝牙音箱等。
(2) 智能可穿戴和健康设备：小米手环、血压计和体重计等。
(3) 传统白电智能化：净水器、空气净化器和电饭煲等。
(4) 极客酷玩类产品：无人机、平衡车、智能玩具、滑板车和 VR 眼镜等。
(5) 生活方式类的产品：插线板等，以及优质的制造资源。
(6) 小米投资品类，现在也在逐年扩大中，逐渐在向日用品、人工智能和机器人等方向扩展。

据统计，截至 2022 年，小米累计进行了 521 次投资，共涉及 17 个领域。其中，投资次数排名前三的领域分别为生产制造、硬件和文化传媒，分别发生投资事件 94 起、76 起、59 起，占比约为 18%、15% 和 11%。

据不完全统计，在小米投资的生态链企业中，至少有近 30 家成功上市，业务大多分布在智能硬件、先进制造等领域，少数为金融、娱乐公司，与小米的硬件、金融以及互联网等方向的业务布局均有协同。

在打造这个"舰队"的过程中，雷军也在开始一个更为庞大的商业版图的布局。以硬件连接一切，为了构建起相应的壁垒，需要覆盖内容、生活消费、金融等软件和服务领域，打通全部的智能物联网的产业链。

课堂练习　在自己店铺的品类中寻找爆款

根据所学内容，以图 4-14 所示"墨镜"为例，学生尝试将其打造成为自己店铺品类中的爆款产品。

图 4-14　爆款产品

4.4.3　任务实施——汇报展示最小可行化产品

1. 活动内容

（1）学生根据前面所学内容，选择打造款店铺的 MVP；

（2）学生分组上台演讲，陈述选择该款 MVP 的原因。

2. 活动要求

（1）学生分组讨论时，要以精益创业的方案完成 MVP 的选择。

（2）MVP 阐述必须符合以下要求：

- 说明需求；
- 解决生产或进货问题；
- 商品定价；
- 商品推广。

3. 活动评价

（1）商品评价：

- 商品成本是否合理；
- 商品是否具有循环迭代性；
- 商品是否适配目标人群。

(2) 演讲评价：
- 商品是否满足痛点；
- 商品定价是否合理；
- 商品推广是否具有可行性。

4.4.4　举一反三——开发学生自己的 MVP

假设你现在创业，你的产品目标是——有史以来最好吃的甜甜圈。你需要怎样通过用户验证？参考产品如图 4-15 所示。

图 4-15　甜甜圈产品

4.5　本章小结

本章着重介绍了最小可行化产品的相关知识，针对精益创业的背景，拆解精益创业和精益产品设计，针对最小可行化产品概念、目的、分类和判断何为好的 MVP 以及如何打造一款成功的 MVP 和爆品方法论展开讲解。同时，设计制作了相应的任务，针对创业活动汇报展示最小可行化产品，可以使学生充分理解并掌握最小可行化产品的相关知识。

4.6　课后习题

完成本章内容学习后，接下来通过几道课后习题测试学生的学习效果，同时加深学生对所学知识的理解。

4.6.1　选择题

1. 最小可行化产品（MVP）的模型可分为（　　）和（　　）。
A. 确定性 MVP　　　B. 可行性 MVP　　　C. 昂贵的 MVP　　　D. 盈利的 MVP
2. 从人性角度出发定义的爆品需要满足（　　）和（　　）。
A. 满足人性的视觉要求　　　　　　B. 满足人性的审美要求
C. 满足人性的创新需求　　　　　　D. 满足人性的功能需求

3. 精益创业是由硅谷创业家（　　）在其著作《精益创业》一书中提出的。
A. 戴夫·麦克卢尔　　B. 埃里克·莱斯　　C. 费农·史密斯　　D. 劳拉·里斯
4. 企业在开始创建新项目之前，需要做到（　　）。
A. 行业研究　　B. 用户调研　　C. 竞品分析　　D. 前景评估
5. 下列选项中，（　　）属于精益创业提供给创业者的解决方案。
A. 用户调研　　B. 试试看　　C. 最小的成本　　D. 循环迭代

4.6.2　填空题

1. 开始创新项目之前，企业会做＿＿＿＿、＿＿＿＿、＿＿＿＿和＿＿＿＿，尽可能在项目开始之前降低不确定性。
2. ＿＿＿＿是指刚好具备能够帮助你表达产品核心概念的部分功能的产品。
3. 最小可行化产品（MVP）的目的是＿＿＿＿。
4. 一个好的 MVP 一定要做到满足客户的＿＿＿＿。
5. ＿＿＿＿是较为常用的 MVP，是指接近你的目标客户，把现有未完成的产品低价出售。

4.6.3　创新实操——撰写竞争者分析总结

根据本章所学内容，参考表 4-5 所示的分析内容，学生从产品的劣势、优势、机会和竞争威胁撰写竞争者分析总结。

表 4-5　竞争者分析

项　目	内　　容
劣势	周期长、物流问题多以及保密性差； 从制作、拍照、上传、发货再到售后花费的时间太多； 网络安全问题、网络病毒以及木马网银等不安全因素； 信誉的评价，这是买家购物的参考标准之一
优势	DIY 有助于吸引顾客眼球，加之手绘画是根据客户自己的故事绘制的，极具个性化且价格合理，并承诺将产品做到客户满意为止； 没有市场竞争者
机会	网上购物的消费者市场巨大，商品推出面相对人群广； 网上商品种类多种多样，可以找到更好的货源提供者； 提高商店知名度，利于商品的销售
威胁	网店的运营依附于大的交易平台，受交易平台的约束力强； 电子商务法和支付体系不完善，在很大程度上制约了网店的发展扩大

第 5 章　店铺的设计与装修

电商的发展使人们的消费习惯和理念发生了巨大的变化，我国的电商虽然起步比较晚，但是发展迅速，在未来还有广阔的发展空间，也正是电商经济具有广阔的发展前景，现在网店数量仍在不断增加。而网店想要运营好，其设计与装修是非常重要的。

本章聚焦制作店铺原型的概念、作用和目的；如何制作店铺原型；店铺的装修以及页面设计排版等相关知识，系统介绍了店铺的设计与装修的理论知识与操作案例，帮助学生从实践的角度掌握店铺的设计与装修的相关知识。

5.1　制作店铺原型

在开始设计与装修店铺之前，商家很可能不知道自己未来的店铺是什么样子的。页面布局是否合理，购物流程是否顺畅也都不知道。通常这些问题都是在店铺运营一段时间后才会发现，这样会浪费一定的人力和物力，降低开店的成功率。因此，将原型设计引入电商行为中是非常有必要的。

原型就是产品的模型，用以描述产品的设计方案和需求。原型产出是每个基层产品经理必备的技能。

5.1.1　店铺原型的作用

制作店铺原型的主要作用是用来明确需求和验证店铺设计。

1. 明确需求

无论是对于产品团队，还是对其他部门同事，原型无疑能让大家更加清楚地了解店铺设计的情况，形成对需求的基本共识，减少沟通成本和分歧。

2. 验证店铺设计

特别是在开店的早期阶段，原型还可以帮助创业者低成本地了解用户的想法，验证店铺方案是否可行，例如请用户进行原型测试，容易发现购物流程方面的不足。

5.1.2　制作店铺原型的目的

在做店铺原型设计前，明确目的是非常重要的，这里按使用角色进行简单划分。

1. 对于甲方，投资人或是用户演示操作

花费一些时间把原型做得尽量精细是非常重要的，这样能够很直观地展示商家的产品，用户才能够想象产品真实的样子，才会反馈给商家想要的结果。

2. 对于团队

快速理解产品需求和效率最大化是传递给团队的主要目的,所以只要易于理解和提高效率,哪怕商家的原型只是草图也无所谓。

3. 对于新人

提醒新人在日常的工作中,千万不要过于追求原型的完美,这样会浪费时间而且意义甚小。

5.1.3 店铺原型的制作

当一个新手准备开店时,千万不要过于兴奋,恨不得马上开始制作,这样往往会忽略业务的流程,导致后来不得不花费大量的时间去修改,甚至推倒重来。

了解流程非常重要,它可以使商家站在一个高处,全局地看待这个产品,把控好大的方向,不至于越到后面越摸不着头脑。商家可以借助一些流程工具,也可以简单地在纸上画出流程图,这样就能清楚地知道产品大概有什么页面,页面与页面间的关系是怎么样的。图 5-1 所示为微信扫码点餐流程。

图 5-1　微信扫码点餐流程

制作店铺原型之前需要了解产品需求的情况,明确将要做的产品的具体情况,同时要知道这个原型是新的产品,还是在现有产品基础上新增的功能,还是要推倒原来的功能重来。制作店铺原型的流程主要包括参考竞品、罗列页面元素、制作草图和设计阶段,如图 5-2 所示。

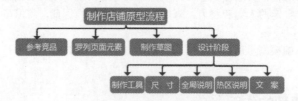

图 5-2　制作店铺原型流程

1. 参考竞品

电商的核心目的是为了更好地服务用户。只要是优秀的设计,又符合商家产品本身的情况,就可以拿来使用。且不说从头再来的成本很高,在很多的情况下,原型设计的创新其实并没有太大的价值,例如一个登录的功能,如图 5-3 所示。

图 5-3　登录界面

作为一些大众化产品,专门自创出来一个没有多大的意义。用户对目前同种类型产品的操作已经习以为常了。除非商家的创意百分之百的成功,否则千万不要试图去改变用户的习惯,这样只会增加用户的学习成本,让用户觉得反感。当然这里绝不是主张大家一味地模仿,只要有最优的方案,就不要浪费时间的另走弯路。

2. 罗列页面元素

店铺的页面都是由一个个的元素构成的,例如按钮、输入框和单选项等,在制作前将有关的字段和操作以思维导图的方法都罗列出来,这会使布局更加轻松。如果是设计 PC 端店铺,还需要制作信息结构图或表格来确保界面元素没有遗漏,否则大量的信息将会使制作者摸不着头脑。

图 5-4 所示为某电商页面信息图。对于一些简单的原型设计,设计人员只需要在纸上简单罗列一下即可。

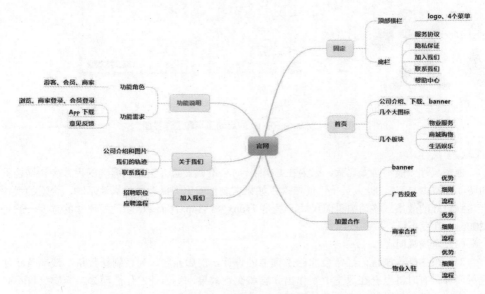

图 5-4 某电商页面信息图

3. 制作草图

大家不要忽视笔和纸的作用。简单地在纸上进行原型的勾勒,可以方便进行快速的沟通和修改,大大提高工作效率和降低出错率,如图 5-5 所示。

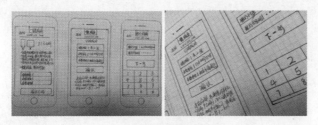

图 5-5 制作草图

4. 设计阶段

做好前期充足的准备后,接下来就可以开始原型的设计制作了。在设计制作原型时需要考虑以下几个问题。

（1）制作工具。

原型制作工具非常多，其中 Axure RP 是一款专业的原型设计工具，比一般创建静态原型的工具要更快速和高效，图 5-6 所示为 Axure RP 10 的启动图标和工作界面。

图 5-6　Axure RP 10 的启动图标和工作界面

（2）尺寸。

原型尺寸一般不必太在意，因为在 UI 设计时会准确设置。当然，准确的尺寸会让结构更加明朗，减少与 UI 设计人员争论的概率；如果在制作的原型需要高保真演示时，合适的尺寸会达到更好的效果。移动端页面尺寸一般是 750px×1334px；而 PC 端页面尺寸的宽度一般是 1200px，高度不限。

（3）全局说明。

对于很多新人来说，经常会纠结于细节的设计，例如弹层、列表刷新数量、滚动条和加载页面等。有时甚至会在原型中制作出弹层和交互效果，生怕开发任性而为。其实大可不必那么麻烦，因为正常情况下产品需要制定一份全局说明文档，统一描述产品各种可预计情况和交互的处理方式。图 5-7 所示为弹层的全局说明。

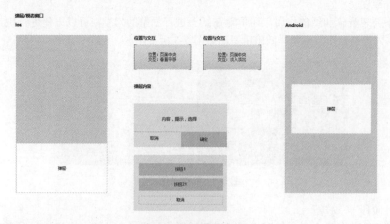

图 5-7　弹层的全局说明

(4) 热区说明。

热区是指用户可以操作区域的范围。程序员通常会用最快最方便的方式开发产品，默认操作元件本身的范围就是热区。如果有特殊情况，可以在原型里指出来或者写在全局说明里。甚至有些操作复杂的产品，有必要写一份热区规范文档。图 5-8 所示的热区说明，开发出来的产品只有点击商品图片才会跳转详情页，而不是整个区域。

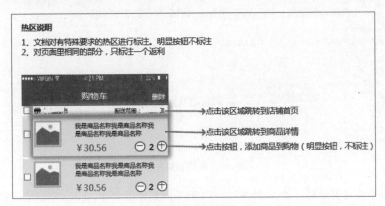

图 5-8　热区说明

(5) 文案。

店铺涉及的界面文案往往是多方面的，如果团队里面有文案人员，可以将复杂文案交由其来完成。也可以写一份文案规范文档，对产品的可预见文案类型，甚至细到按钮文字、字段名称和页面为空提示等作出说明。

因为一个产品可能由几个产品经理负责，越到后面，产品经理越容易忘掉前面的规则，导致产品中各种形式风格的文案都有，例如在这个模块叫"新增"，另外一个模块就叫"添加"。因此设计人员需要做到风格统一，意思明确、易于理解，不让用户反感。

电商行业是一个竞争激烈的行业，制作店铺原型，做好充足的准备工作，可以大大提升店铺的成功率。

5.2　店铺装修

制作店铺原型后，接下来就要对店铺进行装修。店铺的装修也就是店铺的门面，店铺装修得一塌糊涂，顾客看了也不舒心，就会影响到店铺的转化，所以不能忽略店铺装修的重要性，需要花一定的时间和精力装修店铺。

5.2.1　店铺的合理布局

众所周知，好的店铺装修能给买家带来好心情，营造良好的购物环境；能吸引消费者的关注，塑造店铺形象和品牌；能刺激购物欲望，留住买家促进成交。怎样才算好的装修呢？好的店铺装修首先应该做到合理的布局。下面以淘宝店铺为例讲解店铺布局。

1. 整体布局

商家在给店铺布局的时候，一定要以店铺定位为中心，要做到统一风格、注意突出店铺主题、公共提醒、体现促销信息和风格等。

2. 店招

店招是店铺品牌的宣传，通过店招可以告诉买家用户在卖什么，用户的店铺风格及定位是什么，因此建议采取简短醒目的广告辅助 Logo 增强认知度，图 5-9 所示为店铺招牌的原型。

图 5-9　店铺招牌原型

店招位于首页的顶端，是店铺的招牌，主要展示店铺的名称、Logo 和促销语等。好的店铺招牌应当符合两点，一是和店铺出售的宝贝相关联；二是和店铺的整体风格相统一。

店铺招牌设计要色正字美、布局合理、美观大方、易于识别，直观明确地告诉顾客店铺是卖什么的以及店铺的卖点，如特点、优势和差异化。图 5-10 所示为某店铺的招牌页面。

图 5-10　某店铺招牌页面

案例　了解常见的页面结构

页面结构种类很多，常见的有满版型、分割型、骨骼型、曲线型、中轴型、对称型、倾斜型、焦点型、自由型和三角型等。图 5-11 所示为电商页面中采用了骨骼型布局方式。

骨骼型布局是一种规范的、理性的分隔方法，类似于报纸杂志的版式。常见的骨骼有竖向的通栏、双栏、三栏、四栏，横向的通栏、双栏、三栏和四栏等。一般以竖向分栏为多。这种版式给人以和谐、理性的美。几种分栏方式结合使用，既理性又活泼，页面如图 5-12 所示。

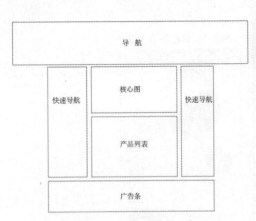 

图 5-11　骨骼型布局方式　　　　　图 5-12　采用骨骼型布局的页面

3. 页面导航

页面顶部和左右两侧布局页面导航。导航的任务就是清楚地告诉用户将前往信息架构中的什么地方。最初可以只是指定链接，随着进一步设计导航，最终会把用户所做的一切都展示在狭小的屏幕空间里。

用户对每个信息的搜索行为都要通过特定的导航工具才能完成，按照其功能的不同可以分为三种导航工具：结构导航、关联导航和可用性导航。

（1）结构导航。

结构导航表示店铺内容的层次结构，通常会采用全局和局部导航的形式。全局导航一般是店铺的顶层类别，通过全局类型很容易地访问到店铺中最重要的内容。局部导航会引导用户到达店铺层次结构中临近用户当前所在位置的层次，如图 5-13 所示。

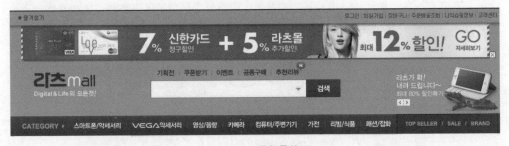

图 5-13　局部导航

（2）关联导航。

关联导航是将一个页面与包含类似内容的其他页面相关联，特别适合"试探的查找"，并且可以帮助用户发现他们"原本不知道"但却应该知道的信息，如图 5-14 所示。

（3）可用性导航。

可用性导航实现了页面与帮助访问者使用店铺本身的特性之间的关联。例如会员登录、访问用户信息和搜索等功能，如图 5-15 所示。店铺中主要内容组织以外的所有内容都可以归纳为可用性导航，它对店铺的功能设计非常重要。

导航是一个店铺的指路标，用户在没有导航的店铺中寸步难行，对于电商页面来说更是如此。导航看起来很简单，但在界面设计中却是最烦琐、最复杂的一部分。

图 5-14　关联导航

图 5-15　可用性导航

4. 店铺公告促销

好的店铺公告促销,可以挑动买家的情绪。店铺公告可以是风格体现、单品秀或是店铺宣传,也可以是突出的广告信息或促销信息,如图 5-16 所示。

图 5-16　店铺公告促销页面

5. 掌柜推荐

掌柜推荐的产品最好选择店铺具有竞争力的宝贝,应尽量满足需求量高、性价比高和高倍图片清晰且详细的条件。主要展示品牌的优势以及卖点高的商品,使店铺显得商品种类众多,让消费者感觉很热闹,还可以展示价格低、形象好的商品,以及特价商品和核心产品,如图 5-17 所示。

图 5-17　店铺掌柜推荐页面

(1) 宝贝分类

宝贝分类的作用是方便买家查找。分类不是越多越好，商家务必分类清楚，不可太复杂。宝贝分类一定要按照买家的搜索习惯去设置。新品、特价和促销商品的分类尽量放在靠前的位置。分类方式可自由选择，自由搭配，如一级分类按照属性划分，二级分类按照产品种类划分，商品分类的名称要方便消费者挑选商品，尽量不要出现有宝贝无分类，注意做到清晰明了，一目了然，如图 5-18 所示。

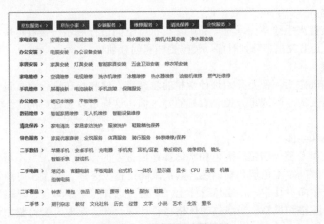

图 5-18　店铺商品分类页面

(2) 页尾区

店铺底部的位置，主要用于设置自定义区，一般用于店铺介绍、友情链接和购物保障，在风格上要符合店铺风格。

页尾区可以添加品牌介绍、物流介绍、邮费介绍、售后服务、退换要求、促销消息和活动资讯等，可以为店铺设置多个自定义页面，以便完善店铺功能，减少客服工作量，提高工作效率，宣传店铺品牌、成长历史、店主故事等让消费者认可，如图 5-19 所示。

图 5-19　店铺页尾区

5.2.2 店铺首页设计思路

网店首页设计在整个店铺装修中具有举足轻重的地位,将直接影响到店铺的整体形象,甚至影响到店铺的流量。网店首页设计遵循的基本思路为确定风格、规划布局、素材收集、确定配色和字体以及排版上传,如图5-20所示。

图5-20 网店首页遵循的基本思路

1. 确定风格

为了达到视觉营销的目的,首先要熟悉所售商品的特征,了解用户的消费需求,进而确定网店的风格。

2. 规划布局

根据模块位置来手绘草图,充分利用首页每屏空间进行展示,接着运用设计软件进行搭建。首页布局一定要突出、陈列有序、流畅贯通和创意独特。

3. 素材收集

当首页布局确定后,便要开始进行素材的填充。素材收集在进行首页设计以及整个网店设计中都是很重要的。养成每天搜集素材的好习惯,这样可以为之后的工作提供便利,并提高工作效率。

4. 确定配色和字体

在网店首页以及整个店铺,配色和字体都是很重要的组成部分,是不可忽视的。首先,确定首页配色,即确定主色调和辅助色。其次,确定首页字体。文字在电商设计中的位置极其重要,特别是极简设计中,在字体选择上,一定要选择符合整体设计风格的字体。字体也有店主的外貌、性格和风格,当字体的风格与设计融合在一起时,会给整个设计加分不少。但如果商家不知道选用什么字体,那么可以选用字形结构简单的字体。同时需要注意,一般选用字体不宜超过三种。

5. 排版上传

越是简约大气的页面,元素都不会太多,要尽量少用图层样式,清爽舒适的页面要多留白。当排版设计好后登录到网店后台上传页面即可,也可借助一些网店助手来做。

店铺首页设计的五个步骤顺序不是固定不变的,一定要从店铺首页的三大功能出发,即体现品牌形象、引导分流作用和配合营销活动,如图5-21所示。

图5-21 网店首页功能

5.3 店铺页面设计规则

为了使店铺更方便目标客户使用，电商页面设计需遵循下面五个规则：页面易读、容易浏览、方便查找、风格布局保持一致、页面下载快速。

1. 页面易读

互联网的用户来自各行各业，他们可能使用不同的硬件，不同的系统，不同的浏览器，不同的网络服务商浏览店铺。为了保证用户获得相似的用户体验，设计师要尽可能考虑更多的细节，以满足页面的易读性。下面列出了页面易读方面的一些要求。

（1）文本的字体设置要适中，不宜太小或者太大。如果店铺是服务于视力损伤的客户的，则在字体大小的设置上应该进行调整。

（2）所有图片上的文本都应该清晰易读。高对比度的颜色以及字体对于图片的易读性是非常重要的。

（3）文字的颜色也很重要，不要让背景的颜色冲淡了文字的视觉效果。一般来说，以淡色背景下的深色文字为佳。

（4）为方便或快速阅读可将店铺的内容分栏设计。合理的双栏设计要比满满一页的视觉效果好很多。

（5）电商页面要考虑使用鼓动性和吸引性的语言。词语要正确得体，避免语法混乱，错字连篇。

（6）页面中如果使用动画，动画播放速度不要太快。最好动画循环一次后，用户就能捕捉到全部信息。

（7）当你的店铺设计在设计模板阶段，要尝试在不同的浏览器、不同的平台、不同的网络连接状态下进行测试。除了要注意浏览器显示效果的不同外，还要考虑显示器分辨率的适配问题。

2. 容易浏览

为了便于用户浏览，随时在店铺中找到想要查找的内容，店铺应该提供店铺地图、帮助部分、店铺搜索等功能，如图 5-22 所示。要让浏览者时刻清楚当前在哪儿，想去哪儿，去过哪儿。同时，设计师也要为超链接设置丰富的样式，便于用户访问。例如，指定超链接颜色，超链接访问过颜色，添加下画线等操作。

图 5-22　店铺地图

3. 方便查找

店铺提供的独特的产品、服务以及信息，应该很方便地在用户登录店铺后找到。为用户提供搜索功能，可以便于用户搜索感兴趣的内容，并快速找到。一个解答经常被问到的问题（FAQs）的页面也是非常重要的。

4. 风格布局保持一致

为了使浏览者对整个店铺有深刻的印象，店铺的设计风格和布局应该保持一致，且店铺中的每一个页面中使用的字体、样式、颜色都应该保持一致。同时，页面中所有的图片尺寸差距也尽可能小。如果对图片使用了阴影等样式效果，则其他所有图片，都应该采用相同的样式。

5. 页面下载快速

如果一个店铺页面在 5s 内不能打开，浏览者通常会选择离开，所以页面的下载速度成为店铺是否留住浏览者的关键因素。通过设计师的优化，尽可能地让页面简单，加快页面的下载速度。要提高电商页面的下载速度，需要注意以下几点。

（1）用户更在意电商页面上提供的产品、服务和信息。所以在设计上可以尽量简洁。

（2）产品图片使用小图片，同时给用户查看大图的入口。

（3）使用 HTML 可以轻松地控制图片显示的大小。但是所有图片应该在图像处理软件中重新调整大小。

（4）尽可能地使用相同的图片，也可以有效地缩小页面的大小，提高页面下载的速度。

（5）在保证效果的前提下，减少动画、视频和音频的使用。

5.4 店铺页面设计排版

在店铺装修中，店铺的页面布局不仅要合理，也要考虑页面设计的排版。接下来讲解页面设计排版的技巧。

1. 相对于图像，文字更具吸引力

浏览店铺时，能够直接吸引用户目光的并不是图像，而是文字。大多数用户是偶然进入商家店铺的，用户来寻觅的不是图像，而是商品的具体信息。

2. 注意力聚焦于店铺的左上角

用户浏览店铺时，通常第一眼会聚焦于店铺的左上角，店铺页面左上部为主要的操作中心。因此在设计店铺页面时，应该尽量保持这一格式。

3. 用户普遍的浏览方式呈现出"F"的形状

用户浏览店铺时，首先观察店铺的左上部和店招部分，之后再往下阅读，浏览店铺右边的内容。保证店铺内容的重要要素集中于这些关键区域，在这些区域内放置头条、副题、热点以及重要文章，可以很好地吸引用户阅读。

4. 花哨的字体和格式被忽视

为什么花哨的字体和格式容易被忽视？是因为用户会认为这些是广告，并不是自己所需要的信息。事实上，用户很难在充满大量颜色的花哨字体格式里寻找到所需的信息。商家需要保持店铺的清爽，不要因为华而不实的表面让重要的信息被忽略。

5. 遇到感兴趣的内容，用户仅会多看一眼副标题

不要过分坚持固定的副标题格式，可以让副标题包含关键词，这样可以有效利用搜索引擎，带来更多的浏览者。

6. 用户大都只浏览店铺的小部分内容

用户浏览的时候，如果提供的信息可以让用户快速锁定目标，那么就可以把这一点发展成为店铺的优势。突出某些部分或者创建项目列表使店铺信息容易被找到和阅读。

7. 店铺顶部和左边的广告更能吸引用户

如果需要在店铺内植入广告，可以将广告融入店铺的左上部位置，这样可以吸引到最多的视觉注意力。

8. 利用好空白

店铺的过量信息会把用户淹没，同时用户也会忘记所提供的大部分内容。所以要保持店铺的简洁，预留出一些视觉空间来供买家休息。

9. 色彩搭配有学问

店铺装修的好坏对买家的心情和购买欲望产生影响，如果店铺装修得不好，就相当于输在了起跑线上。店铺装修的风格和色调一定要统一。店铺装修中不同颜色传达的信息和适用对象如表 5-1 所示。

表 5-1 色彩搭配比较常见的颜色

颜 色	传 达 信 息	适 用 店 铺
红 色	给人温暖、喜庆的感觉，视觉冲击力强、比较有感染力	适用于年货、婚庆和糖果等店铺
黄 色	给人轻快、希望、信心的感觉，个性张扬、活力感强	适用于各类时尚产品、运动产品和化妆品等店铺
粉 色	给人温馨、可爱的感觉	适用于童装、内衣、化妆品和小饰品等店铺
黑 色	给人酷炫、摸不透、神秘的感觉	适用于稀奇古怪、时尚新潮的店铺
灰 色	给人清新优雅的感觉	适用于家具、灯具和服饰等店铺
绿 色	给人环保、自然的感觉	适用于植物、烟草等店铺
蓝 色	给人清澈、科技、纯净的感觉	适用于洁具、小电器、生活小家电等店铺
褐 色	给人原始材料的感觉	适用于饮品、原料等店铺
橙 色	给人明朗、华丽、健康的感觉	适用于玩具、时尚新潮物品等店铺

店铺装修的风格颜色不能以商家自己的喜好来定，需要根据商家经营店铺的产品而定。这是因为店铺中的商品是卖给消费者的，不是卖给自己的。

商家确定了自己店铺的主色调后，店铺整体装修的颜色要以自己店铺的主色调为准进行搭配才能有好的效果。

5.5 创业活动——装修自己的店铺

5.5.1 创业故事——我所知道的影响淘宝排名的因素

我的店铺开了一年多了，在这一年里，我经历了大部分卖家经历的风风雨雨。不过相比和我同时间开业的几家同行店铺，我的淘宝店铺在没有营销的前提下，稳稳地排名靠前！

之前每次到供货商那儿取货时，看到其他卖家都成箱成箱地拿货，而自己就拿那么几件的时候，心里真是五味杂陈。羡慕之情，无以言表！但是，也因为当时没有专心抓自己的店铺，还在忙着兼职其他工作，所以一直没有什么起色也正常。没有付出怎么能要回报？

到了后来，我慢慢放下了其他的兼职，并且开始不断学习，店铺也迅速有了改观。说实话，我所谓的学习，就是在每天忙完店铺发货之后，来淘宝大学学习各种需要的东西，包括淘宝规则、淘宝新变化等。

之前在志愿者群里提到过，大家都看到了我店铺的成长，也希望我能够分享一些干货。然后我就想，到底我为了小店做了哪些，哪些知识又是真正有用的。我说过，我的店铺，产品靠的都是自然搜索。

我总结了影响淘宝排名的因素。当然，这些东西淘宝都有说明，只是大家没有去看，或者看了也懒得去执行。说白了，执行力才是王道。再看好的成功秘诀也不如立马去做！

总体来讲，淘宝排名因素主要有：动态评分、收藏人气、发货速度、销量、转化率、是否橱窗推荐、浏览量、下架时间、是否公益宝贝、价格和是否交保定金。这些因素形成一个综合人气，淘宝默认的综合排名。

（1）默认综合排名 = 人气 + 销量 + 信誉 + 价格，其中，人气 = 浏览量 + 收藏量。淘宝首页随便搜索一个产品，产品下面强调的一些产品关键词放前后位置并不影响排名，例如"包邮韩国滑轮凳子"和"韩国滑轮凳子包邮"不影响排名，但人气高的产品会排在前面。

（2）标题中采用空格。用标点分开不同关键词排名权重会提高，一个标题采用一个空格或一个标点即可。切记关键词堆砌会影响排名，选词一定要谨慎，忌重复。

（3）新品排名靠前。什么叫新品？新品就是不存在同款并且第一次上架的产品，新品排在前面。如何上架新品，也就是避开同款。上架新品会出现新标志，新品标志会保留21天，这21天就是扶持期，排名靠前。做好新品推广也是必要的，吸引第一个吃螃蟹的人，八仙过海，各显神通。

（4）公益宝贝排名靠前。如果没设置公益宝贝就需要先进行设置，设置好以后会有一定的权重排名。这个很简单，大家做公益也能帮到自己店铺，何乐而不为。

（5）橱窗产品排名靠前。

（6）越到下架时间的产品排名越靠前。

（7）收藏人气高，浏览高的产品排名靠前。这个就是人气宝贝。

（8）转化高的产品排名靠前。转化高说明产品受欢迎，淘宝系统自动默认靠前，转化率可以人工控制。淘宝作为电商领头羊，说白了还是电商，你的产品能够给淘宝带来客户群，淘宝自然喜欢！

（9）销量高的宝贝排名靠前。但是淘宝为了避免恶意刷单，降低销量排名权重。现在销量低的产品也能排在前面。

（10）信誉不影响排名。信誉高低不影响排名，不管是星店还是金冠店，排名是公平的。

（11）新店排名靠前，在其他因素几乎差不多的情况下，新店排名靠前。所以大家要往这些方面努力，主要做收藏人气、浏览量、转化率和动态评分这四点。

以上这些可能不全面。关于店铺整体流量，也将加进移动转化率。大家也看到，自己店铺成交订单中，有很大部分来自手机。不知道你们的店铺什么情况，我的店铺流量90%来自移动端。所以移动店铺装修，设置详情页也很关键。这些虽然很烦琐，但是一定要去做。

不多说了，最后还是那句话：执行力，执行力，执行力！大家加油吧！

5.5.2 技术引进——拼多多平台开店流程

不管是个人还是企业用户，都可以在拼多多商城开店，而且现在拼多多的发展迅速，选择在拼多多上开店是不错的选择。对于大多数第一次开店的用户来说，在各大电商平台提高入驻费用和保证金的今天，拼多多平台对个人用户的免费入驻是最大的吸引力。接下来具体讲解个人如何在拼多多上开店。

（1）在百度浏览器搜索框内输入"拼多多"后，单击"百度一下"按钮，打开拼多多官方店铺，如图5-23所示。进入拼多多店铺首页以后，单击页面顶部"商家入驻"菜单，如图5-24所示。

（2）在商户入驻页面中输入手机号码，设置密码后，单击"获取验证码"按钮，将手机获得的短信验证码输入文本框，单击"0元入住"按钮，如图5-25所示。

图 5-23　在百度上搜索"拼多多"

图 5-24　单击"商家入驻"进入页面

（3）进入到店铺类型的选择，选择"普通入驻 - 个人店"填写相应内容，接着单击"下一步"按钮，如图 5-26 所示。

图 5-25　点击"0 元入驻"按钮

图 5-26　选择店铺类型

（4）进入到店铺信息页面，填写店铺基本信息并上传开店人基本信息，如果有第三方的店铺，可以添加第三方平台链接，输入入驻邀请码，如图 5-27 所示。

图 5-27　店铺信息页面

（5）勾选"我已阅读并同意《拼多多平台合作协议》"复选框，单击"提交"按钮，当弹出"恭喜您的店铺已成功入驻"对话框，显示店铺入驻成功，如图 5-28 所示。

课堂练习 设计制作自己店铺草图和原型

根据前面所学内容，参考图 5-29 所示，学生完成自己店铺的草图绘制和原型制作，并分组展示店铺草图和原型，说明配色要点和布局特点。

图 5-28 拼多多店铺入驻成功

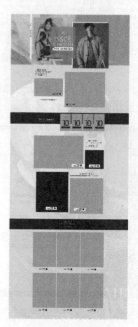

图 5-29 参考店铺原型图

5.5.3 任务实施——注册自己的店铺

1. 活动内容

（1）学生根据前面所学内容，在指定平台注册店铺；

（2）注册店铺后，完成店铺的基本装修。

2. 活动要求

（1）学生需要按照平台要求完成店铺的注册；

（2）确定店铺的色调搭配方案；

（3）确定店铺的页面布局方式。

3. 活动评价

店铺装修完成后，需要注意以下几点：

（1）店铺品类是否正确；

（2）店铺色彩搭配与品类是否一致；

（3）店铺布局是否合理。

5.5.4 举一反三——完成自己店铺首页的装修

根据本章所学内容，学生参考图 5-30 所示的店铺装修效果，完善自己店铺首页的色彩搭配和内容布局。

图 5-30　店铺首页装修参考图

5.6　本章小结

本章介绍了店铺设计与装修的相关知识，针对制作店铺原型、店铺装修和店铺页面设计排版等内容进行讲解。同时，设计有针对性的创业活动和任务，学生通过装修自己的店铺，充分理解店铺设计与装修的相关知识。

5.7　课后习题

完成本章内容学习后，接下来通过几道课后习题测试学生的学习效果，同时加深学生对所学知识的理解。

5.7.1　选择题

1. 下列选项中，（　　）属于制作店铺原型的流程。
A. 参考竞品　　　　B. 罗列页面要素　　　C. 制作草图　　　　D. 设计阶段

2. 下列选项中，（　　）属于制作原型时需要考虑的问题。
A. 制作工具　　　　B. 尺寸　　　　　　　C. 全局说明　　　　D. 热区说明

3. 下列选项中，（　　）不属于店铺的布局。
A. 店招　　　　　　B. 首页导航　　　　　C. 掌柜推荐　　　　D. 图片展示

4. 下列选项中，（　　）给人温暖、喜庆的感觉。
A. 黄色　　　　　　B. 粉色　　　　　　　C. 红色　　　　　　D. 橙色

5. 下列选项中，（　　）给人神秘、酷炫的感觉。
A. 红色　　　　　　B. 黑色　　　　　　　C. 黄色　　　　　　B. 褐色

5.7.2 填空题

1. 制作店铺原型的作用是_____和_____。

2. 用户浏览店铺时,通常第一眼会聚焦于店铺的_____,店铺页面左上部为主要的操作中心。

3. 首页导航一般分为_____、_____和_____3种类型。

4. _____产品最好是选择店铺具有竞争力的宝贝,应尽量满足需求量高、性价比高、高倍图片清晰且详细的条件。

5. _____颜色给人清澈、科技和纯净的感觉。

5.7.3 创新实操——完成自己店铺其他页面的装修

根据本章所学内容,参考图 5-31 所示店铺装修效果,学生完成自己店铺其他页面的装修工作。

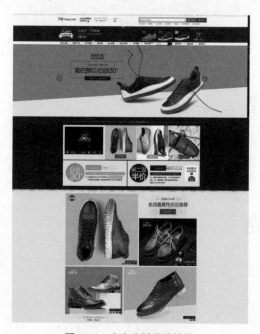

图 5-31　参考店铺装修效果

第 6 章　设计商品详情页和海报

店铺的产品详情页和宣传海报是店铺装修中重要的组成部分,对产品销售有直接的影响。本章将针对产品详情页和店铺海报的设计思路和方法进行讲解,系统介绍设计产品详情页和海报的理论知识与操作技巧,帮助学生从实践的角度掌握店铺装修中产品详情页设计和海报设计的相关知识。

6.1　设计商品详情页

很多新手在制作产品详情页时,只是简单摆放几张产品图,再加上产品参数表,最后放上用户评论就算完成了。这样的详情页只能起到对产品补充说明的作用,对于产品的销售可以说帮助甚微。

6.1.1　详情页设计思路

打造一张优秀的详情页,需要用 60% 的时间进行页面构思,确定设计方向,然后再运用 40% 的时间进行设计。下面讲解关于详情页设计的七个思路。

1. 详情页的作用

产品详情页是提高转化率的入口,可以树立顾客对店铺的信任感,打消顾客的消费疑虑,激发顾客的消费欲望,促使顾客下单。虽然优化产品详情页对转化率有提升的作用,但是对转化率起决定性作用的还是产品本身。

2. 遵循的前提

产品详情页要与产品主图、产品标题相契合,必须是真实产品属性的介绍。例如,标题或者主图里写的是中式女装,但是详情页却是欧美风格,顾客看到不是自己想要的,肯定会马上关闭页面。

3. 设计前的市场调查

设计产品详情页之前要充分进行市场调查,尤其是对同行业进行调查,规避同款。同时,也要做好消费者调查,分析消费者人群、消费能力、消费喜好以及顾客购买时在意的问题等。

(1) 如何进行调查。

通过淘宝指数可以清楚地查到消费者的喜好、消费能力和地域等数据,学会利用这些数据对优化详情页很有帮助。

(2) 如何了解消费者最在意的问题。

消费者最在意的问题可以去买家产品评价里找,在买家评价里面可以发现很多有价值的信息,可以以此来了解买家的需求以及购买后遇到的问题。

4. 调查结果及产品分析

根据市场调查结果对自己的产品进行系统的分析总结。罗列出消费者所在意的问题、同行的优缺点以及自身产品的定位，挖掘自身产品与众不同的卖点。

5. 关于产品定位

根据店铺产品以及市场调查确定本店的消费群体。

例如，旅行者旅游住宿，房价 200 元 / 日卖的是价格，卫生是没有保障的，通常定位于低端客户；房价 400 元 / 日卖的是性价比，定位于中端客户；1000 元 / 日卖的是服务，定位于高端客户。

6. 关于挖掘产品卖点

针对消费群体挖掘出本店的产品卖点。

例如，一家卖键盘膜的店铺发现评价里中差评很多，大多是抱怨键盘膜太薄，一般的掌柜可能下次直接进厚一点的货。而这家掌柜则直接把描述里的卖点改为史上最薄的键盘膜！结果出乎意料，评分直线上升，评价里都是关于"键盘膜真的好薄"之类的评语。直接引导并改变了消费者的心理期望，以此达到良好的效果。

关于产品卖点的范围非常广泛，例如卖价格、卖款式、卖文化、卖感觉、卖服务、卖特色、卖品质和卖人气等。

7. 开始准备设计元素

分析目标消费者，提炼出产品卖点，确定产品风格定位后，接下来开始准备所用的设计素材。包括详情页所用的文案以及确立产品详情的配色、字体和排版等，烘托出符合产品特性的氛围，例如羽绒服，背景可以采用冬天的冰山效果。

产品详情页每一部分都有它的价值，都要经过仔细地推敲和设计。详情页上半部分的作用主要是展示产品价值，后半部分主要用来培养顾客的消费信任感。可以通过各种证书以及品牌认证的图片来树立顾客的消费信任感。同时，正确的颜色、字体以及排版结构对赢得顾客消费信任感也会起到重要的作用。

6.1.2 详情页的设计过程

一个好的详情页，可以让用户更好地了解卖家的产品，同时也可以提升买家体验，从而提升店铺转化率。表 6-1 所示为产品详情页的构成框架。

表 6-1 产品详情页的构成框架

创意海报情景大图	根据三秒注意力原则，开头的大图是视觉焦点，背景采用能够展示品牌调性以及产品特色的意境图，第一时间吸引买家注意力
产品特性 / 卖点 / 好处	遵循 FAB 法则，即特性、作用和好处 特性：产品品质，例如服装布料、设计的特点等，即一种产品看得到、摸得着、与众不同的地方 作用：从特性引发的用途，例如服装的独特之处，即这种属性将会给客户带来的作用或优势 好处：是指作用或者优势会给客户带来的利益 卖点中出现的数字部分，需要运用阿拉伯数字表现，设计上可以加大增粗，制造劲爆的效果和氛围
产品规格参数 / 信息	产品的可视化尺寸设计，可以采用实物与产品对比，让顾客切身体验到产品的实际尺寸，以免收到货时低于心理预期

续表

同行产品优劣对比	通过对比强化产品卖点，不断向消费者进行阐述
模特／产品全方位展示	产品展示以主推颜色为主，服装类的产品要提供模特的三围和身高的信息。最好可以放置一些买家真人秀的模块，目的是拉近与消费者的距离
产品细节图片展示	细节图片要清晰富有质感，并且附带相关的文案介绍
产品包装展示 店铺／产品资历证书 品牌店面／生产车间展示	通过店铺的资历证书以及生产车间方面的展示图可以烘托出品牌和实力，但是一个店铺的品牌不是通过几张图片以及写个品牌故事就可以做出来的，而是在整个买卖过程中通过各种细节展示给消费者
售后保障问题／物流	售后是为了解决顾客已知和未知的各种问题，例如是否支持 7 天无理由退换货，发什么快递，快递大概几天可以送到和产品如有质量问题怎么解决等。这一部分做好了可以减轻客服的工作压力，增加转化率

结合产品详情页的构成框架，商家可以针对不同的产品在不同的位置加入买家秀。同时，商家也需要注意详情页的描述顺序，图 6-1 所示为详情页的描述顺序。

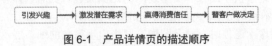

图 6-1　产品详情页的描述顺序

由于用户不能真实体验产品，可以通过产品详情页打消用户顾虑。因此需要从用户的角度出发，关注最重要的几个方面，并不断强化地告诉用户"我是做这个的专家、我很值得信赖、买家买了都说好、正好店铺有活动、现在下单价格最优以及明日即刻涨价等"。设计产品详情页时可以遵循以下原则：

（1）文案要运用情感营销引发共鸣；
（2）对于卖点的提炼要简短易记并反复强调和暗示；
（3）运用好 FAB 法则。

有需求才有产品，商家卖的不仅是产品，而是让顾客买到产品之后可以得到价值、满足需求，要让顾客理性进来，感性下单。

详情页设计完成之后需要配合分析询单率、停留时间、转化率和访问深度等数据进行不断的优化。另外，详情页需要根据不同行业不同对待，最好的方法就是收集同行业销量前几名的详情页，分析同行的布局文案构成，先模仿后创作。

6.1.3　详情页的设计尺寸

关于详情页的设计尺寸，可以借鉴淘宝、天猫和京东店铺详情页的尺寸。

1. 淘宝店铺详情页设计尺寸

淘宝主图的尺寸为 800px×800px，主图的背景可以是纯色，也可以是图片。需要准备五张主图，其中必须有一张为白底图片，主图大小在 500KB 以内。详情页又分为移动端和 PC 端：PC 端详情页宽为 750px；移动端详情页宽为 640px；高度没有限制。首次上传 PC 端详情页可直接生成移动端，不用修改尺寸，可直接使用。

2. 天猫店铺详情页尺寸

天猫主图的尺寸为 800px×800px，同时需要一张尺寸为 800px×800px 的透明产品图，用来制作平台推广图；主图大小在 500KB 以内。PC 端详情页宽为 790px；移动端详情页宽为

750px；高度没有限制。首次上传PC端详情页可直接生成移动端，不用修改尺寸，也可直接使用。

3. 京东店铺详情页尺寸

京东主图的尺寸为800px×800px，最大1300px×1300px，单张大小不超过1024KB，最多可以放置六张商品图片。PC端详情页宽为750px；移动端详情页宽为640px；高度没有限制。

6.2 详情页设计原则

商品详情页的设计体现的不仅仅是单纯的视觉效果，无论是其构思还是其排版都是引导用户的关键。设计人员应该抱着"打动用户，刺激购买"这样的理念为用户传递一种幻像，而不只是设计一个页面而已。

1. 展示图不宜过大，交换展示细节

商品详情页中的图像是用户进入该页面后的视觉重点，展示图右侧是文本信息等内容，两者之间的比例不要差太大，以减轻用户在视觉上产生的不适。因此，展示图不宜设计得过大，可以通过添加鼠标悬停等交互效果，向用户展示商品的细节部分。

淘宝网站就很好地解决了图像和文本之间的比例问题。页面整体看起来和谐一致，商品图像与右侧的说明文本比例恰当，对比强烈，如图6-2所示。

当光标在商品图像上悬停时，商品图像右侧将出现商品的细节展示，帮助用户更清楚地了解商品，如图6-3所示。

图6-2　图像与文本比例恰当　　　　　图6-3　光标悬停展示商品细节

2. 满足用户的比价心理

"价比三家"是网络购物群体的消费习惯，用户买东西大多基于个人感受，并不一定是真的便宜，而是商家能让用户觉得东西便宜。在商品详情页的设计中应该融入并满足用户选价的心理状态。

在京东网站中，通常会让原价与折后价对比，并突出折后价，如图6-4所示，重复表达加强用户对价格优惠的感受，使用户的消费心理产生微妙变化。

3. 增加分享按钮

在页面中添加分享按钮，便于用户将感兴趣的商品分享到其他社交平台，获得更多关注。这种设计在大多数的电子商务网站中都有使用。

淘宝店铺中将分享按钮设置在展示图像或文本的下方，主要用于分享当前页面的商品，如图6-5所示。

4. 做好用户引导

用户引导也可以解释为用户行为召唤。就网页设计来说，一般需要注意色彩和文案两个方面。色彩是最直观的表现形式，用区别于页面主色的色彩强调突出，吸引用户视线。

图 6-4　商品原价与折后价对比

图 6-5　应用分享按钮

天猫聚划算在页面中对价格、标签和"马上抢"按钮使用了明亮的颜色，主题明确，更易查看，引导用户点击，如图 6-6 所示。

图 6-6　天猫聚划算引导用户点击

5. 添加评价

作为电子商务网站，要时刻保持与用户沟通的畅通，避免由于用户缺乏信任感而失去潜在用户。添加用户评价版块可以很好地解决这个问题。在虚拟网络中，他人的评价和建议能对购买行为产生很大的影响。

天猫网站中将顾客评价单独作为一个版块，并对顾客的评论进行了自动汇总，方便用户快速直观查看，如图 6-7 所示。

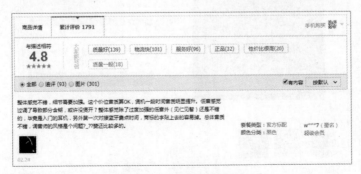

图 6-7　天猫用户评价模块

6. 导航跟随

商品详情页的内容比较多，所以设计跟随导航很有必要。跟随导航在商品详情页的出现能为用户提供很大的便利，但其大小还需要设计人员来掌握，隐形、全面的导航才是用户真正喜欢的。

京东的商品详情页无论在导航的颜色还是大小上都比较合适，既便于用户浏览，也不影响用户的视觉体验，如图6-8所示。

图6-8　商品详情页

7. 优先功能用途的描述

商品详情页的第一屏通常会有新品或热门推荐，这种做法与商户最应该注重的用户体验完全背道而驰。这类行为会让用户产生反感，设计时应避免过多的品牌情结。

宜家网站商品详情页中几乎没有任何多余的部分，页面内容围绕一个商品展开，为用户营造出良好的购物体验，如图6-9所示。

图6-9　页面围绕一个商品展开介绍

8. 善用关键词

有研究表明，互联网上 60% 的文本信息是用户不会阅读的。为了便于用户阅读，商品详情页中的文本应尽量精简，要善于抓住关键词。

淘宝聚划算详情页中，会对用户真正需要的一系列关键点使用特殊的字号和颜色，用户感兴趣的内容一览无余，如图 6-10 所示。

图 6-10　页面中文本尽量精简

9. 保持页面连贯性

设计人员需要清晰地了解商品的全部信息，或者说了解如何获取对自己有用的信息。因此，商品描述的逻辑顺序变得格外重要，设计人员可以基于商品描述的认知规律去考虑这一点。详情页在页面连贯性上要表现得顺畅，条理要清晰，让用户可以顺着线索找到自己需要的那一部分。

案例　设计商品详情页的要点

详情页的主要作用就是引导用户，促成订单，同时也是展示商品各项特点、功能的地方，所以优秀的商品详情页必然是转化率高的。

要想提高商品的转化率和收藏率，在设计商品详情页时需要注意以下几点。

（1）主图要与商品保持一致，而且主图要清晰。

（2）图像与描述要一致，如果出现偏差就会影响商品的形象，降低用户的信任。

（3）详情页风格要与店铺装修风格和主图一致，营造店铺自主性、品牌性，打造属于自己的店铺风格。

（4）全面展示商品的功能与卖点，让用户看到商品"真实"的一面。

（5）页面要设计得图文并茂。图像的可看性高于文本，文本的延伸性则高于图像，两者结合能达到不错的效果。

（6）图像一定要突出卖点，没有卖点的商品图像是很难吸引到用户的，图像上最好保持整洁，不需要添加太多促销信息。

认真总结以上知识并应用到实际的设计工作中，必能设计出符合用户要求的商品详情页，如图 6-11 所示。

图 6-11　符合用户要求的商品详情页

6.3　店铺海报的位置

通常网店中对于海报的摆放位置有明确的规定，以淘宝为例，只能使用店内海报和直通车海报两种。

1. 店内海报

店内海报是指摆在店铺内部的海报，主要以一站式产品为主。店内海报主要用于宣传店铺近期的一些活动，让浏览者进入店铺后可以马上了解本店铺的产品和活动内容。图 6-12 所示为某服装网店的店内海报。

图 6-12　某服装网店的店内海报

（1）此海报中为文案添加了背景，目的是使文案和背景图片区分开，更好地吸引浏览者关注文案部分。一目了然的标题文字，与具有代表性的产品图片相结合，为浏览者细致表达出海报所要宣传的主题思想。

（2）海报设计的不足之处在于背景太过杂乱。使得整个海报在信息量巨大的页面上显得杂乱无章。

2. 直通车海报

直通车海报是网店中一种比较重要的宣传手段。这种海报能够快速吸引浏览者注意，并能通过点击链接跳转到产品页面。设计直通车海报的要点是要在视觉上给浏览者一种浏览的欲望，吸引浏览者点击。图6-13所示为淘宝聚划算的一张直通车海报。

图6-13　淘宝聚划算直通车海报

（1）海报中独具一格的文字排版与主题内容，能够更好地吸引浏览者的目光。完美的对称式排列给人一种整洁的视觉感受，促使浏览者点击进一步了解产品详情。

（2）海报的不足之处在于，设计师为了突显"全球"的概念使用了蓝色的背景，这与女性群体为主的化妆产品格格不入。

6.3.1　店铺海报中的文案

在海报设计中，设计出漂亮的构图是至关重要的，但是没有合理的产品文案将是致命的。所谓产品的文案就是海报中表现主题思想的文字，包括主题、副标题和正文等内容。文案是海报中比较重要的部分。合理地使用文案可以使海报设计更加容易，表达产品内容更加明确，销售业绩更加突出。

1. 广告文案信息编码

设计师制定一个产品的广告文案只需要考虑一个场景：用户会怎样向朋友推荐这款产品？例如，你向朋友推荐小米手机的时候肯定不会讲"小米手机卓越不凡"，肯定直接说大白话"小米手机就是快""小米手机真便宜"等。

广告文案信息输出需要编码，展示给消费者，消费者需要解码。中间这个过程会有干扰损耗，因此最有效的编码就是"够简单，够直接"的文案！不要讲一堆空话，把最能打动用户的话用直接、简单的方式说出来。图6-14所示为环保素布女包海报。

图6-14　环保素布女包海报

（1）海报文案传达的信息，首先是宣传的产品为"环保素布女包"，其次要突出的内容为"1.2 折"的优惠，最后向浏览者展示的才是产品的品牌。简单的几个字就将海报中所要表达的产品属性及特点表现得淋漓尽致，同时也将为浏览者带来的实惠体现出来，让浏览者一目了然。

（2）不足之处在于海报并没有很好地展示产品本身，而且对于标题的字体和颜色选择不够慎重。

2. 提炼产品卖点

产品的卖点大致可以分为两点：一是设置一个一级卖点，使客户容易记住。二是设置 2~3 个辅助卖点，用来说明一级卖点。

通常一张海报的大标题用作一级卖点，使用小字作为二级卖点，价格和产品图等内容用来描述一级和二级卖点，图 6-15 所示为母婴产品宣传海报。

图 6-15　展示海报

（1）海报文案中的一级卖点是一句具有煽动性的广告语——"美丽绽放"。本身与产品没有直接关系。

（2）通过二级卖点"年中底价低至 69 元"的解释使客户理解乃至产生共鸣。三级卖点"满 299 元再减 30 元"的优惠信息又加大了刺激力度。整个文案结合紧密，一波接一波冲击着消费者防线。

3. 突显品牌气质

海报画面传达的内容将被用户直接感知。电商海报表现得更为突出，而且感知时间更短、更直接。在选择核心图片时要选择最能体现产品特点的图片，不必为了增加卖点而过于花哨，图 6-16 所示为皮包产品宣传海报。

图 6-16　皮包宣传海报

（1）从排版角度观察此海报，所有文案左对齐，左侧仿佛有一道看不见的直线将所有文案串联一起，给人稳定、安全和正式的感觉。上下两层文字，大小对比分明，排列工整，不仅非常美观而且主次分明。

（2）不要担心后面的小字浏览者不去看。只要吸引到浏览者的注意，浏览者自然会读到后面较小的文字。一样大小的文字毫无重点和层级，浏览者会不知道从哪里读起。文字的大小并不重要，突出重点才重要。

（3）海报中不足的地方是背景颜色过于单调，不能表现出产品的质感。而且核心产品图的颜色与整个背景的颜色过于接近，难以吸引浏览者的目光。

4. 展现折扣度

在所有的促销活动中，优惠力度是消费者最关心的。在设计海报时，充分展现折扣力度，会起到意想不到的效果。折扣力度可以通过预售折扣、促销折扣、优惠券信息、满减、好评、爆款和搭配赠送等优惠信息传达。给浏览者一个优惠信息，给自己一个访问量，最终达到成交的目的，图6-17所示为旅行箱宣传海报。

图6-17　旅行箱宣传海报

（1）可以看出，海报中展现折扣优惠的文字占整体海报的比例是比较大的。其目的是展示折扣信息，粗大的文字给人一种重磅出击的感觉，视觉效果比较突出。

（2）不足在于产品图的选择不够严谨，不能引起浏览者的购买欲望，同时背景颜色的选择过于单调。

6.3.2　店铺海报中的商品图

在海报设计中，商品的产品图是重要的组成部分。产品图本身的质量固然重要，产品图的摆放位置也影响着整个海报的效果，产品图占整体海报的比例也是至关重要的。

1. 产品图居左

海报对产品图的要求比较严格，这是因为产品图是给浏览者的第一印象。为了给浏览者一个良好的第一印象，海报中的产品图要做到清晰、细腻、有立体感，并要有视觉冲击力。

人们通常喜欢从左至右阅读或者观赏事物，放置在左侧的图片会第一时间引起浏览者的注意，放置在右侧的图片则是浏览者最后会注意到的内容。左侧位置会带给浏览者冲击感，而右侧的位置则会增加浏览者的回味，如图6-18所示。

（1）此海报中所展示的产品图给人一种逼真的感觉，犹如近在咫尺，仿佛浏览者就站在真的产品前面进行观察。

（2）不足的地方是整个海报颜色过于沉重，男性风格过于厚重，会流失一部分年轻客户。

图 6-18 产品图居左的展示海报

2. 产品图居右

右图左文案构图可以让浏览者首先通过文字对产品有一定的了解，然后再将目光转向产品图，此时的产品图就会给浏览者一定的吸引力，因为文字的描述已经让浏览者对产品有一种想象，出于好奇更想知道产品的样子，如图 6-19 所示。

图 6-19 产品图居右的展示海报

（1）此海报将文案放置在整个海报的左侧，并使用粗犷的文字初步展示产品的特性，让人对产品有了初步的憧憬，并对产品图产生期待。右侧放置独具一格的产品图，满足浏览者的期望。

（2）不足之处在于海报中二级标题过于复杂，通常用户不会注意到，还不如把位置用于展现折扣力度。

3. 产品图居中

设计人员有时也会将产品图放置在整个海报的中间部位，给人一种聚集的核心感，海报的主题自然而然地就显现出来了。同时，海报文案位于画面的顶部或者左右两侧，容易引起人们的注意，如图 6-20 所示。

（1）此海报中以沉稳的黑色为背景，增加产品神秘感的同时也充分彰显了产品的质感和品味。产品图置于页面的中间位置，明确且大气。文案的位置设定为产品图的上部，不同级别的宣传口号多次刺激消费欲望。

（2）不足的是海报中产品图过于沉闷，与背景颜色完全混为一团，降低了产品本身的质感。

图 6-20 产品图居中的展示海报

6.4 电商海报结构

了解海报的结构有助于设计人员设计出具有视觉冲击力的海报作品。使用正确的布局方式可以使海报看上去更规范,获得更好的宣传效果。

6.4.1 海报设计结构

海报设计结构通常要遵循黄金比例构图、三等分构图、对角构图、三角形构图和金色螺线构图等布局方式。

1. 黄金比例构图

黄金比例构图符合大多数用户的审美标准,可以使海报看起来更美观、更合理。在实际生活中,黄金比例构图也有很多的应用,例如完美的五官比例就遵循黄金比例。图 6-21 所示为黄金比例分割构图的产品海报。

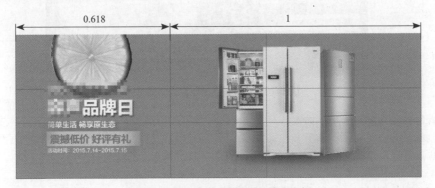

图 6-21 黄金比例分割构图的产品海报

海报中文案和产品图分别位于两端。产品所占的位置与文案所占的位置的比例大致为 1:0.618,这恰恰是黄金比例风格。整个海报虽然内容不多,但看起来丝毫没有空荡的感觉,给人设计紧凑、主题明确的感觉。

2. 三等分构图

三等分构图是黄金分割构图的简化，其基本目的就是避免对称式构图。这种构图表现鲜明、简练。图上任意两条线的交点都是视觉的兴趣区域，这些兴趣区域是放置主题的最佳位置。三等分构图适合多形态平行焦点的主体。图 6-22 所示为三等分构图的产品海报。

图 6-22　三等分构图的产品海报

本海报是一款宣传女性产品的海报，使用三等分原理将所要宣传的产品分别置于三等分线的两条线的焦点位置。这样的位置摆放更容易吸引浏览者的注意力，是一个不错的设计。

3. 对角构图

对角构图也称为斜"井"字线，也是利用黄金分割法的一种构图方法。对角构图与三等分构图类似，利用倾斜的四条线将视觉中心引向任意两条线相交的交点，即视觉的兴趣区域所在点，图 6-23 所示为采用对角构图的电商促销海报。

图 6-23　对角构图的电商促销海报

此海报是一款电子产品的宣传海报。海报中使用了明亮的黄色，并将宣传产品摆放在对角分割线的焦点位置，即浏览者视觉兴趣点所在的区域。同时，将宣传文案放置在页面的另一个焦点位置，简单且明确。这样的构图更有助于吸引浏览者的注意力。

4. 三角形构图

三角形构图以三个视觉中心为景物的主要位置，有时也会以三点成面的几何构成安排景物，形成一个稳定的三角形。这种三角形可以是正三角、斜三角或倒三角，其中斜三角较为常用，也较为灵活。三角形构图具有安定、均衡但不失灵活的特点。图 6-24 所示为采用三角形构图的产品海报。

图 6-24　三角形构图的产品海报

此海报使用的是三角形构图方案，将主要产品图与文案标题置于三角形的顶点与边的部位。此位置是浏览者视觉兴奋的位置，可以吸引浏览者的目光，起到更好的宣传作用。

5. 金色螺线构图

金色螺线构图通过在螺旋线周围安排对象，引导浏览者的视线走向画面的兴趣中心，即黄金螺旋线绕得最紧的那一端。这种类型的构图通过一条无形的螺旋线条，吸引观察者的视线，创造出一个更为对称的视觉线条和一个引人注目的视觉体验。图 6-25 所示为采用金色螺线构图的产品海报。

图 6-25　金色螺线构图的产品海报

此海报中采用了金色螺线构图方式，将产品宣传文案摆放至螺线的路径上，将产品图放置在螺旋形的结束位置，逐步吸引浏览者的注意力，引导浏览者浏览并购买产品。

6.4.2　店铺中海报尺寸

电商海报设计制作完成后，会应用到店铺的不同位置。而网店对于广告位尺寸和体积都有着明确的要求，不符合规则的海报将不能正确地使用和显示。所以设计前一定要充分了解不同海报的设计规范和要求，然后再进行设计。

1. 直通车海报

淘宝网的首页页面中展示不同商品及店家的海报，此海报称之为直通车海报，其目的是为了宣传产品以及更好地增加店铺的访问量。新手店家开通直通车时，往往只关注关键词。关键词虽然很重要，但是关键词选得再好，竞价排名再好，图片不能正确显示，成交量也不会很高。

因此选择尺寸正确且美观的直通车海报尤为重要。

直通车海报的标准尺寸是 800px×800px，即 1∶1 的比例。如果使用产品主图作为直通车推广图，则可以使用 400px×400px 的尺寸，如图 6-26 所示。

除此之外，也可以使用 800px×1200px 的尺寸，即 2∶3 的比例，如图 6-27 所示。也可以使用 750px×1000px 的尺寸，即 3∶4 的比例，如图 6-28 所示。

图 6-26 1∶1 的比例

图 6-27 2∶3 的尺寸

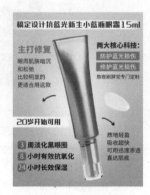
图 6-28 3∶4 的比例

直通车海报的目的是让商品展示更引人注目，直接将产品活动、利益点更好更快地传达给目标人群，达到引流和增加点击率的效果。因此，直通车文案和功能需要展示在视觉中心上，文字可以尽量大且醒目，轻松吸引消费者的目光。

2. 旺铺促销海报

一个店铺的促销海报可以有多个，所以对于尺寸并没有太多的限制。旺铺促销海报要求促销区海报尺寸宽度≤735px，高度不受限制。图 6-29 所示为某服装店铺的促销海报。

图 6-29 促销海报

3. 产品描述海报

旺铺中还有一种海报被称为产品描述海报，尺寸宽度≤722px（窄），宽度≤922px（宽），高度随意。普通店铺的产品描述尺寸大小没有什么限制，但考虑到显示器的分辨率，应控制在1000px 以下。图 6-30 所示为某服装店铺的产品描述海报。

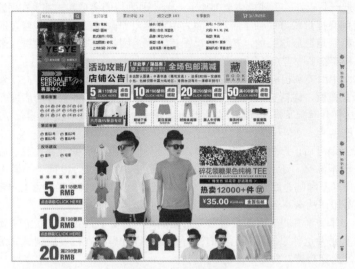

图 6-30　产品描述海报

淘宝店铺装修一般有两种尺寸可供选择，一种是 950px，另外一种是 750px。750px 宽度的海报主要放在产品详情描述中，用作主推产品的关联营销。对于小商家来说，750px 宽度的海报还可以用到类目推荐等许多位置，是最实用的一种。

在淘宝海报设计中，尺寸 750px 宽的海报，高度最小为 200px，最高为 440px，例如 14 寸显示屏幕的计算机，200px 海报的高度已经占去屏幕的五分之一；而 440px 海报的高度已经占去屏幕的一大半。除此之外，高度主要为 300px。

6.5　创业活动——设计制作详情页和海报

6.5.1　创业故事——我的淘宝创业之路

我曾在上海一家社会组织工作了两年，单位福利是出国旅游。按捺不住心中的喜悦，人生的第一次出国。旅游地是葡萄牙和西班牙，一路的景色和人文景观以及建筑，都让人惊叹。我心中泛起了涟漪，如果我能带家人一起出来玩该多好呀，得想办法多赚点钱。

因为亲人都在温州工作，小时候也在温州生活过六年。回国之后，我去温州两趟，考察女鞋市场，因为经验不足，时间比较紧，也没有深入了解，只是大概知道了鞋类市场的批发零售模式。于是回到上海，我开始做创业计划书，拿上手上的存款，准备回到温州大干一场。

1. 淘宝创业起步

4 月底，我再次来到温州，注册成立了一家电子商务公司，并且注册了一个商标。5 月底，我辞职来到了温州。刚开始，我拉了两名同学一起合伙，并且叫上一名做微商的朋友一起帮忙，开始了我们的女鞋零售事业。从淘宝、微商等方面入手，打造一个属于我们的社群圈子。

创业碰到的第一件大事就是一名合伙人退出了，因为对未来发展还不够明晰，他打了退堂鼓。我作为创始人，知道这是创业中最正常的事，或许这也是好事，大浪淘沙嘛。

创业第一重要的是产品，产品的渠道主要包括批发市场、备货工厂和工厂下单。三种渠道中前两种比较适合初期，因为不知销量多大，减少备货风险是最关键的。于是我们把鞋城全部扫一遍，把产品较好的店铺微信全部加了一遍，因为他们会把款式都发在朋友圈里。

很多店铺都会提供拍好的鞋子照片，因为淘宝客户和微商都需要这种修过的漂亮图片。网上卖产品，特别是鞋服这类的，基本是卖图片，因为图片漂亮，才能吸引人来购买，所以有些产品图片和实物多少有点区别。

这就好比女生用美颜相机拍的照片和本人肯定是有点差距的。我们开了一个淘宝企业店，装修用的是专业模板，详情页是网上下载的模板，然后参考了其他较好的店铺，接着发布商品。淘宝店就这样开起来了，店铺需要不断上新，然后就要不断做图，因为自己学过一些设计，所以美工就自己包了。

店铺上新半个月后，产生了第一笔订单，然后我们让批发店铺一件代发。后来这个订单客户追评说鞋子不好穿，还磨脚，然后我们打电话过去也没人接，旺旺上与其沟通也没有得到回复，算是出师不利吧。后来我发现了一个不算规律的规律，就是能卖得上一定量的鞋子，穿起来都特别舒服，从来不会出现磨脚和不好穿的问题。

我的计划书里曾经写过，我们要卖真正舒适的鞋子，并且经过试穿后分享真实的穿后感给客户。可是真正做这件事的时候，我们没有做到。因为鞋子在批发店铺试穿是可以的，但是一一试穿并写出穿后感，前期来说还不太可行。

淘宝店在早年来说流量是极其贵的，不开直通车，不做推广，基本是个死店。"淘宝店十个店九个刷，还有一个准备刷。"我们就是那个准备刷单的店。或许是从小接受的教育太正派了，我们几乎没刷过。我们想通过做活动和讲故事引流到我们的企业店里来。

我的好友有个天猫店，有十来个工作人员，配备两名刷单人员，天天刷单，一刷就是上百单，据说销量还可以。这个行业，媒体天天曝光，阿里天天说严打，可是这就是现状。刷单是一个产业，有刷淘宝、天猫的，还有刷新网站、新App用户注册的，甚至于网络上的众筹、点赞和投票都可以通过刷单来操作。

我是一个比较擅长于活动策划和做准备工作的人，市场推广、品牌营销方面我很弱，真的很弱。没有渠道，甚至都不知道把推广的钱用到哪里去。我们的淘宝企业店四个月才卖了100多单，很惨。

微商是目前的一个大趋势，很多人讨厌微商，因为微商天天刷屏，卖的都是"三无"产品，然后制作些假的收费凭证，加上网络媒体频频曝光微商传销，一时间微商几乎成了骗子的代名词。

然而，微商只是缺少一个好的监管平台，缺少好产品。假如有这么一个平台，和市场监督管理局联网，让每个微商注册成个体工商户，统一管理，建立起微商监管和投诉机制，微商肯定也能正规化，"三无"产品也将大大减少。既然处在这么一个时期，我们也希望发展微商。

于是我们把周围做微商的朋友以及合适的人拉入我们的代理中来。然而，微商要求的是价格低。代理价最好就是出厂价，零售价最好比淘宝低，材质要比淘宝好。市场是公平的，这种产品我们提供不了，因为我们的产品主要是皮鞋，并且在市场上已经经过一手了，已经高于出厂价了，我们低利润甚至零利润给代理，也不能达到那么低的价格。

再者，淘宝上价格是极其混乱的，有些商家为了冲量，甚至亏本销售。然后，每出一款鞋子都需要备货，而批发店铺有很多是直接从备货厂一双双拿的，这导致供货链太长，经常出现断货现象，我们也没法好好解决这种问题。微商这条路问题很多，主要有信任问题、价格问题和供货问题，我们在这条路上停滞不前，偶尔有些单子，但利润不多。

2. 做批发

随着时间的推移，我们更加了解了这个行业，温州的批发店铺分为两种，一种是工厂直营的，一种是贸易形式的。前者的批发价格一般是出厂价加 5 元，后者是出厂价加 10 到 20 元。一个店铺会和多个工厂合作，特别是备货工厂。备货厂基本是小厂，主要出货渠道就是这些贸易型的店铺以及阿里巴巴，主要供货对象是淘宝卖家和微商。

工厂会同时和很多店铺合作，以至于多个店铺产品一模一样。产品没有了差异化，便是价格上的竞争。所以不同的店铺，有些加 10 块钱，有些加 15 块钱，还有些加 20 块钱，其实都是一个厂的。店铺也都是到厂里拿货的，能卖一双赚一双。

我们慢慢地把备货的厂摸的比较清楚了，然后萌生出了一个想法，在阿里巴巴上做批发。有想法立马就去实践。此时注册诚信通需要 6688 元，而七月份前只要 3688 元，没办法，贵也要注册。诚信通很快注册下来了，诚信通赠送的价值几千块钱的装修半个月后才用上，而且装修得很难看。

后来，我们花了两天自己重新做了装修，虽然和好的比有差距，但是不至于难看。阿里巴巴有一个代销市场功能，需要缴纳 3000 元的消费者保证金，我们也很快开通了。8 月很流行一款小红鞋，被称作爆米花。一时间市场上全部在卖这款小红鞋，只是 Logo 不一样。

后来，我们觉得这款小红鞋可以做，于是上架到我们的阿里巴巴旺铺上。我们的阿里巴巴旺铺自从开通代销市场，客户每天都在增加，小红鞋也有了订单。我们以为阿里巴巴旺铺可以做起来了，事情往良性发展。

8 月下旬，我在发货的路上，收到一条旺信，我打开一看，小红鞋被投诉严重侵权。

我们很慌，产品被投诉，我们立马下架了，并按照投诉方的电话号码打过去，是空号，只有一个不知是真是假的邮箱。然后，我们问了阿里巴巴的服务商，说只要申诉就好了。我们申诉了。第二天，阿里巴巴判定我们严重侵权。于是我打电话联系阿里巴巴客服，客服说只能要求对方撤诉，否则只能等到一年后系统才会清掉不良记录。我说对方的联系方式是空号，找不到人。这就好像自己成了被告，但是连跟原告沟通的机会都没有了。

阿里巴巴就不管我们小企业的利益么，我们也是付费用户啊。客服不知该怎么回答了，就说实在没办法，说了句抱歉。过了几天，我们的阿里巴巴旺铺被清退代销市场，说是风险评估不合格。我们很郁闷，产品下架了，不能一件代发了，淘宝客户和微商客户基本都不合作了。申诉无门，找原告撤诉更无门。至此，我们的阿里巴巴旺铺进入了一个半死不活状态。

3. 坚持或放弃

我的另外一个合伙人准备考公务员。我决定继续坚持想办法找出路。到了 9 月，我考察了杭州和常熟两个大型的批发集散地，并且去了数十个工厂了解产品款式和价格。准备到家乡的"二线"城市开店铺，货源渠道比一般的批发商更有优势。考察了南昌之后，觉得可以做，但是时候未到，南昌在建设新洪城大市场，预计年底试营业，真正营业也要明年了。

我陷入了一个两难的境地，坚持下去吧，奈何团队、资金和销售渠道，没有一样是有优势的。资金所剩无几了，坚持下去很难。创业五个月，我成了一个失败者。

4. 淘宝创业的心得体会

淘宝零售，你要会讲故事、做网红、刷单买流量，除此之外难有它法。批发店铺一件代发不是很靠谱，产品质量难得到保证，出现退货就要亏本，而且非爆款也有断货现象。

微商产品"三无"情况严重，客户买了一次肯定就不会买第二次了。再者，工商只是暂时未介入，所以选择"三无"产品销售请慎重。还是要树立品牌意识，认真讲故事，诉情怀，踏实做产品这几件事。质量为王，质量不好的产品留不住客户，更会把自己带入恶性循环的圈子。所以，企业要树立品牌的时候，有钱做点公益或许更好一些。

微商正规化还有很长的路要走。大部分做微商的是带孩子的妈妈以及想赚点零花钱的女生。她们的目光不是在做事业，而是仅仅赚点钱而已。微商定位要慎重，要有卖点。阿里巴巴上做批发，不能上架"三条杠"的鞋子，不能上架带有仿版的鞋子，即使Logo不一样也不行。因为阿里巴巴会顾忌大品牌的利益，为避免麻烦，所以还请慎重。

创业最重要的是团队，其次是资金，然后才是渠道。我的创业失败经历是极其典型的。创业很辛苦，没有休息日，每天都在思考怎么活下去，要创业的小伙伴一定要三思。

我是一名"90后"，创业让我对一些事情的看法更加客观，心智更加成熟。下一次创业，我肯定会选择标准化的产品或者服务，快时尚更新过快，需要不断地变更产品，资金不足的话很难做起来。

6.5.2 技术引进——电商海报的常见类别

优秀电商海报的作用可以通过吸引浏览者的注意，达到增加店铺销售业绩的作用。

无论海报在店铺的哪个位置，其最主要的目的是为了激发顾客的购买欲望，最终达成交易。所以无论哪种产品的海报，都具有大致相同的组成内容，如图6-31所示。

图6-31 宣传海报

海报中的左面是文案，右面放置了商品图。粗大的主题文字与较为纤细的说明文字整齐排列。为了使整个设计更加紧凑，使用了一个线框将所有文案内容组合成了一体。高清显示的产品给浏览者带来很强的视觉冲击力。使得浏览者在了解海报主题的同时，也对产品产生了浓厚的兴趣。整个设计神秘又不失优雅，体现出了高端手表产品的品位和价值。这也是为海报加分的重要因素。

作为一个合格的设计师，面对任何一种产品，都要遵循设计原理，设计出符合大众审美的海报作品。接下来针对网店中常见的几种产品类别进行逐一分析。

1. 食品类

食品类海报主要向客户传递美味可口的感觉。随着健康养生的理念日益深入人心，人们开始转向关心产品是否纯天然、是否健康等。所以除了还可以使用传统的设计方法外，要尝试从健康、环保等角度设计作品，向浏览者传达放心食用的理念，图6-32所示为休闲食品的宣传海报。

图 6-32 休闲食品宣传海报

（1）此海报是一款食品类的海报，设计师大胆地使用了产品原料作为主要的产品图。在向浏览者传达健康主题的同时，也会暗示产品的纯天然性。同时，使用了具有香甜口感的淡黄色作为背景色，更加刺激浏览者的味蕾，促进购买。

（2）不足的地方在于整个海报中没有产品的图片，会误导浏览者，错过最佳的销售时机。

2. 婴幼儿类

婴幼儿总是给人一种柔软的、甜美的感觉。在制作此类产品时，通常会使用可爱的婴儿图片作为主图。文案则会使用主题明确的编排方式。向浏览者传播放心、健康和舒适的理念，海报整体设计中多使用柔和背景，以符合婴幼儿的纯洁、天真的特点，如图 6-33 所示。

图 6-33 婴幼儿类海报

（1）此海报以母婴的图片作为主图，刺激相关人员的爱心，从而引起共鸣，促进消费。设计师在设计婴幼儿类海报时，首先想到的就是儿童所代表的内容，天真、懵懂和可爱等。文案的编写直截了当，不做过多的修饰。

（2）不足的地方就是海报中文字过多，层次不清，大量蓝色字体容易引起视觉疲劳。

3. 服装类

服装电商海报是目前比较常见的海报之一，服装类海报由于面对的人群比较大，所以设计人员需要根据不同目标用户设计海报中的配色。男士服装海报使用深色的颜色，可以彰显男士沉稳的性格，比如深蓝色。女士服装海报可以使用艳丽的颜色，比如粉色和绿色，可以展现出女性的柔美。儿童服装海报可以使用明亮的颜色，比如黄色或者粉色，突出纯真的童心，如图 6-34 所示。

图 6-34 儿童服装类海报

（1）此海报宣传的是运动系列的服装，主图内容主题明确，一目了然。标题文字创意十足，吸引浏览者的注意。黄色背景的使用使海报效果动感十足，给人一种活力四射的感觉，与绿色、红色和粉色的产品图搭配，更体现出运动的活力。

（2）不足的地方就是产品图过于分散，标题内容层次不明确，排列过于混乱。

4. 家居类

家居产品类海报也比较常见，此类海报不宜设计得过于复杂，应简单明了，将宣传主题表达清楚即可。家居产品的海报中常常使用蓝色和绿色作为背景，向浏览者传达整洁、清爽的感觉。家居产品的海报主要的宣传主题是节能环保和健康，如图 6-35 所示。

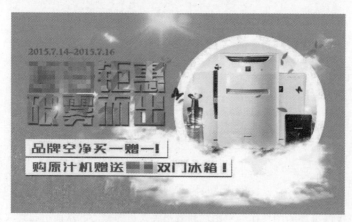

图 6-35 家居类海报

（1）此海报的画面中，所宣传的产品为冰箱和榨汁机等家用电器，所以将背景颜色设置为蓝色，体现出产品的健康、节能；同时，配有云朵和树叶等自然元素，给人一种清新自然的感觉。

（2）不足之处在于海报中标题的颜色和背景颜色同为冷色，反差较小，不易引起浏览者的注意。

5. 数码产品类

数码产品的宣传海报常给人一种神秘和科技的感受，所以要选择比较稳重和神秘的颜色，例如蓝紫色和黑色等。文案与产品图的搭配上要比其他产品的海报文案整齐，给人一种较为严肃的感觉，体现出产品的专业与权威，如图 6-36 所示。

图 6-36　数码类海报

（1）此海报中为了彰显电子产品的魅力以及高科技技术，将背景的颜色设置为蓝紫色，很好地突出了产品的神秘和高端。同时，文案的规整给人一种严肃、可信的感觉，体现产品的价值和品质。

（2）不足之处在于主题图的选择太过草率。一个红色卡通音响吸引了浏览者的注意，而忽略了标题和其他产品。

课堂练习　设计一款主推商品的海报

参考前面所讲内容，参考图 6-37，选择合理的配色和构图，学生为店铺中的主营商品制作一款海报。

图 6-37　参考商品海报

6.5.3　任务实施——设计制作详情页和海报

1. 活动内容

（1）学生根据前面所学内容，完成店铺主营产品详情页制作；

（2）学生根据前面所学内容，完成主营产品海报的制作。

2. 活动要求

（1）要求详情页包含产品图、卖点图、规格参数、优劣对比和局部展示；

（2）海报的尺寸要符合店铺平台的规范要求；

（3）要注意配色和构图的使用。

3. 活动评价

（1）详情页。
- 详情页内容是否包含要求内容；
- 详情页尺寸是否合理；
- 设计思路是否正确。

（2）店铺海报。
- 海报尺寸是否正确；
- 海报文案是否与产品一致；
- 海报构图是否合理。

6.5.4 举一反三——设计制作主营商品主图

根据本章所讲内容，参考图 6-38 所示的产品主图，学生使用 Photoshop 完成店铺中产品主图的设计制作，要求尺寸正确，色彩鲜艳，主题明确。

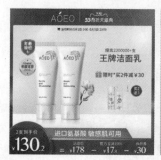 

图 6-38 参考产品主图

6.6　本章小结

本章着重介绍了设计产品详情页和海报的相关知识，针对详情页设计思路、设计过程和设计尺寸；店铺海报的文案、产品图、电商海报结构和准确的尺寸展开讲解。同时，设计制作了相应的任务，针对创业活动设计制作店铺详情页和海报，可以使学生充分理解并掌握设计产品详情页和海报的相关知识。

6.7　课后习题

完成本章内容学习后，接下来通过几道课后习题测试学生的学习效果，同时加深学生对所学知识的理解。

6.7.1 选择题

1. 下列选项中，属于产品详情页构成框架的是（　　）。
   A. 创意海报情景大图　　　　　　　B. 产品卖点、特性
   C. 产品给消费者带来的好处　　　　D. 产品细节图片展示

2. 下列选项中，产品详情页描述时遵循的正确顺序是（   ）。
A. 激发潜在需求→引发兴趣→赢得消费信任→替客户做决定
B. 引发兴趣→激发潜在需求→赢得消费信任→替客户做决定
C. 激发潜在需求→引发兴趣→替客户做决定→赢得消费信任
D. 引发兴趣→激发潜在需求→替客户做决定→赢得消费信任
3. 下列选项中，（   ）属于海报的设计结构。
A. 黄金比例分割图   B. 三等分构图   C. 对角构图   D. 金色螺线构图
4. 下列选项中，（   ）属于设计产品详情页前需要准备的设计要素。
A. 图片   B. 配色   C. 字体   D. 排版
5. （   ）构图又被称为斜"井"字线，也是利用黄金分割法的一种构图方法。
A. 三等分构图   B. 三角形构图   C. 对角构图   B. 金色螺线构图

6.7.2 填空题

1. 产品详情页的设计思路分别是详情页的作用、_____、_____、_____、_____、关于产品定位、关于挖掘产品卖点和开始准备设计元素。
2. 海报设计采用黄金比例构图，产品所占位置与文案所占位置的比例大致为_____。
3. 三角形构图是以三个视觉中心为景物的主要位置，有时也会以三点成面的几何构成来安排景物，形成一个稳定的三角形。这种三角形可以是_____、_____和_____。
4. _____构图是黄金分割构图的简化，其基本目的是对称式构图。
5. 详情页的作用分别是_____、_____、_____、打消顾客的消费疑虑和促使顾客下单。

6.7.3 创新实操——设计自己店铺商品详情页

掌握了产品详情页和海报的设计规则和技巧后，参考图 6-39 所示的详情页效果，学生为自己店铺的主营产品设计详情页。

图 6-39 参考详情页

第 7 章　电商平台流量营销

本章聚焦电商平台流量营销的相关内容，通过学习获取流量的方法、流量互换的概念、优化店铺关键词的步骤，掌握不同电商平台流量营销的方法和技巧。通过对京东、淘宝和拼多多店铺流量营销的分析，系统介绍电商平台流量营销的理论知识与操作案例，帮助学生从实践的角度掌握电商平台流量营销的相关知识。

7.1　关于流量营销

一个成功的电商网站或 App，要形成有别于传统渠道的电商品牌，都要经历一个从花费引流到知名度、美誉度逐渐扩增，再到自动产生流量的过程。

流量营销，顾名思义是指企业通过策划流量营销活动，以达到企业自身 App 下载、公众号关注、活动传播和品牌推广等目的。最后用户获得活动奖品或礼品，企业以较小的付出达成营销目的，互利互惠。流量营销又分为引导型营销和运营型营销。

（1）引导型营销。

用户在推广内容引导下，按照商家的要求完成操作，即可得到一份活动奖品或礼品作为报酬。例如关注某公众号、下载某 App 并注册、安装某游戏客户端并注册、完成一份问卷调查等。总的来讲，引导型营销起到引流和打广告的作用。

（2）运营型营销。

运营型营销主要面向的受众群体是以"社区"为单位的成员，社区可以是一个游戏服务器，也可以是一个 App，用奖励为噱头增加成员的积极性。比如，大家一起玩游戏，排名较高的几位能获得丰厚的奖励。与引导型营销有异曲同工之妙，运营型营销通过提高社区活跃度达到引流和打广告的目的。

7.1.1　通过 SEO 获取流量

SEO 是一种利用搜索引擎的规则提高网站在搜索引擎内的自然排名的方式，目的是为网站提供生态式的自我营销解决方案，让其在行业内占据领先地位，获得品牌收益。

SEO 包含站外 SEO 和站内 SEO 两方面，为了从搜索引擎中获得更多的免费流量，可以从网站结构、内容建设方案、用户互动传播以及页面等角度进行合理规划，使搜索引擎中显示的网站相关信息对用户来说更具有吸引力。通过 SEO 搜索需要注意以下几点：

1. 拿到想要词的流量

通过 SEO 搜索必须能做到"想要哪个词，就能获取到哪个词的流量"，而且还得把这个词排名操作到第一页。只有真正做到"指哪打哪，弹无虚发"，才算是一个合格的 SEO 操作手。

2. 能准确分别出真词假词

很多运营在分析关键词的时候，喜欢找搜索指数好、转化好以及在线商品数较少的词，以为这样的词就是好词、"神词",其实并不然。

很多关键词操作后会发现,无论怎么操作都很难引来访客,有的词分析指数很好,来访客转化却很差,这种就是假词。有的词,操作后访客不多,但是转化很好;还有的词只要操作起来了又有访客又有转化,这种词才是商家要操作的词。

很多人分不清哪个是真词哪个是假词,只知道一味地"刷",到最后费了很大的功夫还是得不到好的数据,以为是自己的产品不行。所以在上架产品之前一定要做准确的数据分析,不要看到指数好、转化好的词,就认为是好词,因为这种词很多人都在操作。将人为操作的数据去除,再判断该不该操作这个词。

3. 标题涵盖的元素

一个好的标题里需要涵盖如表 7-1 所示的必备元素。

表 7-1 标题必备元素

元素	内容
启动词	能启动标题里想要操作的任何关键词,强行让搜索系统收入目标关键词
破冰词	打开流量入口的词
流量转化词	既能获取大流量,又能有不错的转化词
精准转化词	高转化词,流量不会很多的词

4. 词根布局,各级关键词操作配比

词根的布局很重要。前期布局什么样的词根,决定着后期能不能争取到想要的目标词,也决定着后期流量获取的容量。由于每个词的流量池的容量是不一样的,所以不同营销阶段要选择不同流量池的关键词。

关键词的级别要根据关键词的指数和产出判断,不是字少的就一定是好词。关键词操作数量配比,要按该关键词的实时坑产的 1.5 倍或以上来做,才能获取到该关键词的排名。

坑产即商品在某一个类目(类目就是搜索的关键词,搜索关键词就会出现某一商品的展位,展位就是商品的"坑")下面的成交额(产品单价 × 销售数量 = 成交额 = 产出):

一天的坑产 = 单价 × 当天销售数量。

5. 搜索关键词匹配原理

掌握关键词搜索匹配原理非常重要,其具体内容如表 7-2 所示。掌握搜索关键词匹配原理并应用在写标题和布局词根上,会事半功倍,大大提升链接爆发的速度。

表 7-2 关键词搜索匹配原理

匹配形式	匹配原理
完全匹配	同等条件下搜索,完全匹配的关键词,排在不完全匹配和模糊匹配关键词的前面。都是完全匹配的关键词,谁的关键词位置靠前谁排在前面,位置一样的情况下,谁的客单高谁排在前面
不完全匹配	同等条件下搜索,不完全匹配的关键词,排在完全匹配的关键词后面,排在智能匹配的关键词前面
智能匹配	根据买家搜索目标关键词后,智能识别出相关性高的产品的定向反馈数据

6. 影响搜索流量增长的元素

影响搜索流量增长的元素包括主图点击率、关键词的选择与触发和坑产值,具体内容如表 7-3 所示。

表 7-3　影响搜索流量增长的元素

元　　素	内　　容
主图点击率	点击率非常重要,只要主图真实点击率达到一定的高度后,即使产值不达标也可以获得流量
关键词的选择与触发	是指在操作产品的时候,先操作哪个词,或哪系词,决定着搜索访客的高度与宽度。这就是很多商家刷了很多单,但是访客没有增长,有的商家没刷几单访客就来了的原因。这个技术点的主要精髓就在于选择和触发
坑产值	是指刷单数量的多少,就算触发不了关键词的产值权重,累积到一定的数量也会触发链接产值权重

7. 能准确地判断出标题的初始得分是多少

每个新上架的产品标题,都有一个初始得分,标题初始得分高的产品操作起来就可以少刷单。初始得分低的产品,打开流量入口都很难,更别提扩展流量了。所以标题起得好不好,直接决定着投入成本的高低以及操作流量的增长速度。

8. 正确的 SEO 操作效果

只要数据分析得好,判断准确,来了一点访客就会有转化,如果真实访客超过 100 个都没真实转化,那就证明操作的词不对,需要进行调整。

7.1.2　通过店铺推荐获取流量

店铺推荐是为了给店铺提高流量转化,在店铺内选择商品做关联销售和提升销量,可以帮助商家打造爆款。图 7-1 所示为淘宝网搜索页面中的店铺推荐。

图 7-1　淘宝网搜索页面中的店铺推荐

当用户选择搜索产品时，店铺推荐的产品会首选出现在搜索页面中，在淘宝平台中通常为橱窗推荐。橱窗推荐位是通过搜索的方法让店铺的产品获得更多浏览量和点击率，从而带来更多的流量。橱窗推荐的数量是根据店铺的产品数、开店时间、信用度和交易额度而定的。合理利用这些推荐位，对增加店铺的客户流量是非常重要的。

在搜索产品的时候，如果买家搜索关键词，那么首先出现在买家眼前的是橱窗推荐中的产品。而且有一个原则就是产品结束交易时间越短则越超前，即出售中的商品剩余时间越短，在淘宝的搜索列表中就会出现在越前边，此时获得推荐的商品就会在第一时间内被买家们发现，成交的概率自然也就随之增大。

另外，也可以分批将即将结束的产品放到推荐位上去，商家可以根据自己的实际情况努力打造出与众不同的橱窗推荐。除了淘宝平台以外，京东、天猫和拼多多平台都有各自的店铺推荐的位置。

7.2 了解流量互换

在互联网时代，一个网站、一家平台的力量是很小的，当然一家独大的企业也有，例如阿里巴巴和腾讯等。但这些企业毕竟是少数，对于众多创业的新手来说，抱团取暖也是一种不错的选择。

品牌面临的现状是用户注意力的高度分散，流量争夺愈加白热化。从传统的主流媒体到新兴的社交媒体、垂直媒体和 KOL 等，流量已呈高度分散之势，成本也随之水涨船高。在流量的红海时代，抱团取暖、流量互换成了当下品牌营销的主流打法。

1. 流量互换的概念

流量互换就是互相给合作网站、移动端应用带去流量。通过场景化的导流，互相推荐对方的焦点图文；为关注用户曝光应用推广信息，引导用户点击后导入到对方的页面，尽可能带来转化。每个参与方都能得到有效用户的增长，达到分享和共赢的目标。加入一些互换互推平台，可以和成百上千的应用之间通过智能引擎互换流量，有的还可以实现更具个性化的两两互换、组圈互换等。

简单地说，流量互换就是以广告、新闻链接和推荐等方式互相给合作网站带去流量。

2. 流量互换的分类

流量互换的类型主要有简单地放广告带给对方流量、放置对方网站一整段代码或者一个频道带出流量、通过合作页与多家网站一起互相带给对方利益和通过"链子"联盟。

（1）简单地放广告带给对方流量。

这种方式对于开店的商家来说不陌生，也很容易接受。

（2）放置对方网站一整段代码或者一个频道带出流量。

商家都做过点击广告，主要是按点击赚钱，首选对象就是百度、搜狐和腾讯等竞价广告。可以用同样的方式，放置对方网站的框架代码，带出流量，对方用同等的方式或者用文字、图片链接的方式还回流量。

（3）通过合作页与多家网站一起互相带给对方利益。

此方法是较为热门的一种方式，中间由联盟参与控制，只有带给他们流量，他们才会返还回流量。原理是系统通过合作网站带来的流量，来分配合作站的链接到合作页上，带来的流量越多，合作页上显示的概率就越大。这样做的好处是不会造成单方面输出而得不到回报。如果不通过联盟系统控制，把合作站的链接直接放到合作页上带出流量，就必须有一定数量的网站一起合作，也要有很大的流量进到合作页内，这样才能保证输出。

通过合作页做流量互换有一个缺点就是会换不起流量，解决这一问题有两种方法，一个是买流量进入合作页；另一个是扣量，即在实际有效推广量基础上扣除一定比例。

（4）通过"链子"联盟，让自己网站的东西出现在很多网站上。

取一段代码放到自己网站上，代码内有很多网站的链接，商家也把自己的链接发布上去，在别人取代码的时候商家的链接就会在其中，这样在很多网站上都会出现自己的商品。

3. 方法

常见的交换流量的方法有以下三种。

（1）App 拉新推广。

某旅游 App 为提高注册量，与米流量合作，推出"签到不停，流量不止"活动，赠送手机流量。企业通过推广营销活动，快速提升用户注册量。

（2）传统品牌线上线下联动。

某知名饮料品牌与米流量合作推出"抽奖得流量"限时活动，用户扫描瓶身二维码进入活动页抽流量。该活动不仅达到了预期销售量，还为品牌带来前所未有的用户活跃度与曝光量。

（3）金融保险用户互动。

近年来，米流量为中国银联、中国银行等金融机构提供不同的营销方案，成功创办"幸运大转盘""填问卷免费领话费"等活动。通过游戏引导用户关注公众号或者下载 App，大幅提升了用户的活跃度及关注率。

7.3 优化淘宝店铺关键词

如果想提高淘宝店铺的搜索量和销量，一定离不开关键词优化的操作。

1. 搜索优化

搜索优化是推荐使用的优化方式，通过软件优化出来的标题往往有很多不足的地方，因为软件优化针对的是所有类目，商家单独的类目需要商家自己去对比挖掘。

在淘宝搜索引擎搜索比较热门的关键词时，系统会自动弹出下拉列表，显示很多热门的关键词，如图 7-2 所示。

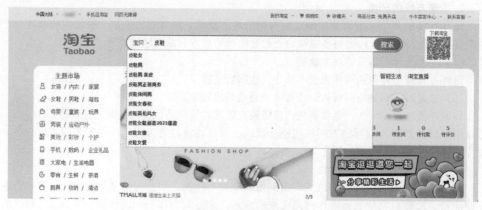

图 7-2　热门关键词

在淘宝买东西时，买家通常并没有那么强的目的性，当他们看见下面的关键词后，会自然选择下拉列表中的热门关键词。如果商家的产品中有这些关键词,那么商家的产品被搜索到的概率就会大大增加。淘宝首页搜索栏中提供了很多关键词,商家可以根据自己产品的类目选择适合的关键词。

2. 对比优化

网页上有非常多的产品,一般在第一页展示的产品都有比较优秀的一面,可以找到适合自己产品的关键词并记录下来,等需要的时候直接使用。

3. 软件优化

淘宝有很多第三方服务商提供的关键词优化软件,例如流量补补、海淘流量等。专业关键词优化软件,一般都提供单个产品优化,可以优化重复的字或者词;而综合软件大部分可以直接进行优化,前期商家可以使用,一旦产品销量上去了,就要尽量少用。否则,优秀的标题都可能被优化坏掉。

商家在进行关键词优化前,需要了解淘宝关键词的分类,这样才能更好地去操作。通常关键词分为精准词、长尾词、广泛词、属性词和大词等。比如,商家想进入店铺的访客更加精准,那么就需要选取精准关键词而不是广泛关键词。

关键词的优化是商家要经常做的事,因为词的热度不会一直不变。只有选取有一定热度的词才能持续给产品带来更多的免费流量。商家在开通直通车前,也需要先优化关键词,以确保获得更好的营销效果。

7.3.1 淘宝中如何优化关键字

对于没有经验的新手来说,可以通过以下几个位置快速获得产品关键字。

1. 淘宝首页的搜索栏

这个地方相信商家都不会很陌生,只要上淘宝,肯定都会用到这个搜索栏,因为商家也有买东西的时候。用户买东西最直接的方法就是在搜索栏中输入要搜索的商品的关键词,然后再去选择喜欢的产品,所以这里产生的关键词都是非常有价值的,最能体现出普通买家的目的,也是用户最喜欢用的一些关键词的组合,包括长尾关键词在这里都能找到。商家要好好利用这里的资源。

商家在选择关键词时,要选择与自己产品的属性相对应的关键词,尽量选择产品数量比较少的关键词,因为产品数量越少,竞争对手就越少,在搜索中胜出的概率就会大大增加。也可以多选择几个关键词,组合成长尾关键词添加到标题中。

2. 淘宝排行榜

排行榜是淘宝里非常有用的工具,对于商家来说是个好工具。它汇集了所有类目下面的所有的关键字的排行,商家可以发挥自己的眼力和耐力,发现与自己商品相关的关键词。可以点击搜索热门右下角的"完整榜单"选项,查看选择更多的关键词。

要充分利用好淘宝标题的规则,写满30个字。商家可以将一个或者多个关键词组合起来,加入自己产品的标题当中。

3. 量子统计里的"淘宝搜索关键词"

量子统计工具是每一个商家都必不可少的工具,它可以帮助商家分析自己店铺的流量情况和产品的访问数据等信息。商家可以根据这些信息对自己的店铺做出相应的调整。

4. 后台里的"店铺运营助手"

"店铺运营助手"里的关键词也很值得关注。店铺运营助手和自己的店铺有着直接的关系,这些数据都是由数据魔方提供,是通过直接抓取商家店铺的数据综合分析得出来的结果。

5. 直通车里的"流量解析"

商家可以打开直通车的页面，找到关键词分析的工具，可以利用流量解析功能对自己的店铺进行相应的调整。

7.3.2 爆款的操作步骤

想要做出爆款，可依据下面几个步骤执行。

1. 选款测款

众所周知，现在做运营都是以款式为王，只要产品好，数据达标，不管是人为辅助，还是付费推广，都可以运作起来，就算新手也可以。如果产品数据不达标，那么做什么也是白搭。所以淘宝店铺能不能做得起来，最重要的一点就是产品数据要达标。

首先需要分析同行数据，找出10~20个竞品数据，以表格的形式整理数据，将刷单数据去除，算出真实访客数、真实加购数和真实转化率，就可以知道这个产品数据是否达标。做好分析工作，可以大大提高操作成功率，同时还可以减少测算的费用。由此可见，操作前的分析数据非常重要。

2. 制定操作计划

操作爆款要有一定的计划性，不要链接上了之后再去找关键词、刷单或者刷基础销量。要提前做好详细的运营计划，计划好每天操作的单量和每个关键词操作的单量、每阶段要投入多少费用以及预估有多少收入等。计划很重要，一定要提前做好，如表7-4所示。

表7-4 操作计划

时 期	操 作 计 划
破冰期	算出打开流量入口的产值，选对破冰词很容易就打开流量入口，周期一般是3~5天
增长期	破冰期过了之后一定要做增长，因为无论访客还是销量的增长率都是撬动访客入流量池的必备条件，周期为5~14天，此阶段按订单量大小而定
顶峰期	增长期过后就会进入顶峰期，这个时候就看商家能维护住数据多久
衰退期	这个阶段基本上就是清库存

做爆款时，千万不要总盯着对手的数据看，对手数据涨多了，自己也拼命地刷。要严格地按自己的计划操作，同时，也要根据实际情况微调，不要墨守成规，一成不变。

3. 提升关键词排名

把要操作的关键词监控起来，算出单词产值，把排名做到第一页就算完成任务了。只要关键词排名到了第一页的前5名，后面只需稳定排名即可，然后再去提升第二个关键词的排名，以此类推。

4. 优化链接

爆款链接一旦操作到一定的阶段，就会遇到瓶颈。在操作中应及时发现、及时优化，主要优化的内容包括标题、主图、描述、关联和价格等方面。

7.4 京东店铺如何获取流量

获取流量的方法有很多，下面针对应用店铺动态、二维码和"签到有利"获取流量的方法进行讲解。

7.4.1 善用店铺动态获取 App 流量

善用店铺动态获取 App 流量主要包括店铺动态、店铺动态的黄金入口、店铺动态流量的价值、店铺动态的种类和特点以及店铺动态的使用方法。

1. 店铺动态

店铺动态是店铺发布的店铺资讯,主要包括三种类型,分别是专题动态、促销动态和上新动态,每种类型包含的店铺咨询内容如表 7-5 所示。

表 7-5 店铺动态

动态类型	店铺咨询内容
专题动态	不限主题;不限内容;不限形式的线上活动资讯
促销动态	店铺促销信息,包括单品促销动态和满减动态
上新动态	店铺新品上架资讯

2. 店铺动态的黄金入口

(1) 首页首屏"发现"。

京东 App 下方标签栏里摆放着 App 最核心和最重要的入口,这个位置被称为"黄金入口",分别是:首页、新品、逛、购物车和我的。如图 7-3 所示,"逛"栏目主要有宝藏秘籍、大牌集市、全民种草、好物宝典和数码等内容,用户不但可以获取更多的商品资讯,还可以在不知道买什么时通过"购物推荐"了解更多潮流趋势。

(2) 首页首屏"我的"。

在京东 App 首页,每一个用户都会访问的是订单中心,而这个功能以"我的"形式展现,这里聚合了一些重要的功能,如"商品收藏""店铺关注"和"浏览记录"等,是店铺流量很好的入口,如图 7-4 所示。

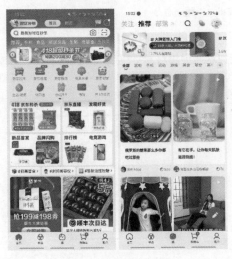

图 7-3 首页"逛"栏目

图 7-4 首页首屏"我的"

3. 店铺动态流量的价值

(1) 吸引粉丝,维系"存量流量"。

店铺关注是一个触达粉丝的"资源",通过店铺关注发布的店铺动态,被粉丝所注意、查看和浏览的概率，要比其他工具高。

来自粉丝的流量被称为店铺的"存量流量"，是店铺原本就该存在的流量。

（2）吸引潜在用户，发展"增量流量"。

没有关注店铺的用户，未必不是店铺的潜在用户。那么如何获取这些潜在用户呢？这就是"浏览记录"要解决的，可以帮商家筛选高价值用户。

用户每天都会浏览不同的店铺，店铺动态系统会根据用户的行为特征，智能地推断出用户感兴趣的店铺和感兴趣的品类，进而把相应的、优质的动态推送过去。

4. 店铺动态的种类和特点

（1）专题动态。

商家可以通过自定义专题，发布各种促销信息或者各类推广文章，以此吸引用户。

专题动态对运营人员的能力要求比较高，要具备营销策划能力、文案撰写能力和图片加工能力，如图 7-5 所示。

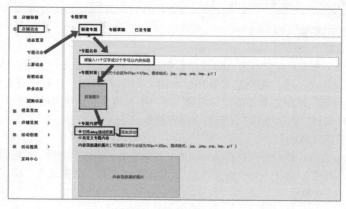

图 7-5　专题动态

（2）促销动态。

商家在后台创建促销活动后，系统会把这些促销信息集成起来，为商家自动生成"促销动态"。商家可以在后台的店铺动态中看到这些促销动态，给这些商品排序，把比较重要的商品呈现在用户的第一屏最重要的位置，如图 7-6 所示。

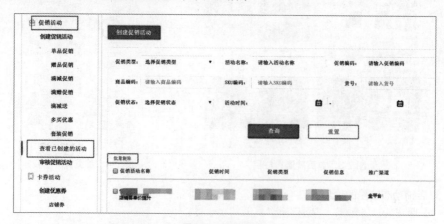

图 7-6　促销动态

(3)上新动态。

京东不允许假的"上新"动态存在,因此,京东的"上新动态"不是由商家创建的,而是根据商家的上新行为自动为商家创建的,商家只可以对上新的商品进行排序。

(4)秒杀动态。

如果商家参与了京东团购或者秒杀,京东允许商家在无线后台自主创建秒杀动态、团购动态,如图7-7所示。

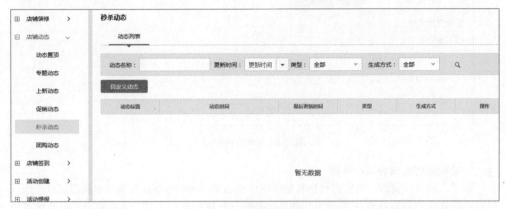

图 7-7 秒杀动态

5. 店铺动态使用方法

(1)让店铺更加个性化。

在设置标题时增加吸引力,对动态中的商品进行排序,提高动态的转化率。

(2)让专题动态更加"多样化"。

增加节日促销,在各个节日时丰富店铺动态。

(3)善用店铺置顶。

商家可以把最重要的一条店铺动态置顶,因为动态太多,容易被淹没,没有重点。置顶一条动态,可以把店铺商品很好地呈现给用户。

7.4.2 善用二维码吸纳流量

善用二维码吸纳流量主要包括京码应用中心与商品二维码、把人际交往中的一切转化成"流量"和把销量转化成为二次流量。

1. 京码应用中心与商品二维码

京码中心是京东推广各类条形码和二维码应用的系统。商家可以根据自己的在售商品,批量生成商品码。同时,系统会允许商家设置一个"扫码理由",附加在二维码下方。用户可以通过京东App或者微信扫码打开相关页面,展示的是商家希望用户看到的内容,如图7-8所示。

2. 把人际交往中的一切转化成"流量"

商家可以进行"线下秒杀",线下秒杀与普通秒杀的不同之处在于,商家可以自主创建,无须申请;活动流量来源不是利用京东流量,而是商家的自由资源;活动实现了商家和广告受众之间的双赢,用户可以购买便宜商品,商家实现广告的有效到达率。

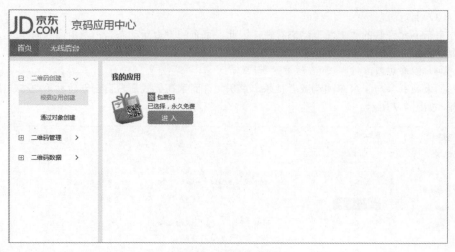

图 7-8 京码应用中心

3. 把销量转化成为二次流量

除了京东各种资源,商家自己也有触达用户的通道,例如包裹,商家可以利用这种渠道,把自己的宣传资料塞进发往用户的包裹里,向用户发放优惠券。对于非买家用户,商家可以把他们引流到自己的店铺首页,或者自定义的线上活动中。

7.4.3 善用"签到有礼"维系粉丝

善于"签到有礼"维系粉丝主要包括粉丝营销的价值和签到有礼的操作技巧。

1. 粉丝营销的价值

签到有礼是圈粉神器,可以以此来维系老用户、发展新用户、增加用户凝聚力以及提升用户黏度。

2. 签到有礼的操作技巧

签到有礼的规则则有:每天签到有礼和连续签到有礼。签到有礼在 App 的入口有三种,京东 App 首页签到领京豆;京东 App 首页"我的"栏目下"发现好店"版块以及店铺首页发放优惠券,促使用户签到并进行消费。

7.5 拼多多平台设置店铺推荐

当店铺的某款产品销量快速上升后,如果能将新品放在爆款的页面之下,也能很快带动新品的成长。拼多多后台的功能比较简单,商家可以通过设置拼多多店铺推荐位,让爆款带动新品,以减轻商家运营的压力。接下来讲解如何设置店铺推荐位。

(1)打开并登录拼多多店铺,登录成功后可在页面左侧看到不同的选项卡,可根据需要点击相应的按钮进行操作,如图 7-9 所示。

(2)在"商品管理"选项卡下方选择商品列表或者店铺推荐设置,也就是说有两种推荐店铺产品的方式,如图 7-10 所示。

(3)在上一步窗口右侧找到并点击"置顶商品"按钮,点击后会出现一个下拉列表,点击列表中的相应位置,选中后点击"确定"按钮进行位置确认,如图 7-11 所示。

图 7-9　登录后左侧选项卡　　　　　图 7-10　商品管理选项卡

（4）在商品管理选项卡下方选择店铺推荐设置，按照提示可以看到顶部右下方有相应的按钮，可以搜索也可以设置推荐产品，如图 7-12 所示。

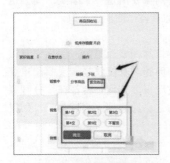

图 7-11　打开置顶商品按钮　　　　　图 7-12　店铺推荐设置

（5）在上一步窗口中点击"编辑"按钮后打开"店铺推荐设置"窗口，按照提示可以选择产品左侧的多选框中要推荐的产品；选中的产品会在下方直接显示出来，这里最多只能选中三个产品，选择三个产品后会在顶部出现不能多选的提示框，如图 7-13 所示。

（6）三款产品选中后，再点击上一步窗口中的"确定"按钮进行确认产品选择，这时如果操作正确会直接显示"设置成功"的消息提示，按照提示完成多多店铺产品推荐，如图 7-14 所示。

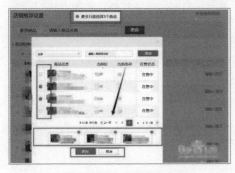
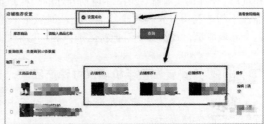

图 7-13　选择商品　　　　　图 7-14　设置店铺推荐成功

7.6 精细化运营淘宝平台

店铺流量，很多时候不是淘宝不给商家，也不是买家不喜欢商家的产品，而是根本没有看见商家的产品。

我们经常听到别人说，选择大于努力。其实就是说我们做一件事情，或者学习一种方法和方式，一定要先确认是否适合自己，如果不适合，那就要及时止损，不要去浪费更多的时间和精力。因为如果选择错误的方向，即使最终能够达到目的地，那么所耗费的时间、精力、财力也要远远比别人多，也就是我们所说的"事倍功半"。

谈到选择大于努力，现在淘宝变化非常快，如果商家不学习不了解，很快就会被淘汰。例如，今年的运营方式是比较正确的，但是到了明年很多规则和玩法又改变了。很多形式和外部环境也变化了，再去做同样的事情，可能就没有那种效果了。

在做淘宝时，选择一个产品以后，商家一定要去看看这个产品的销量前几名，清楚对手的销量、价格和营销策略等是什么，这样才知道自己的产品优劣点在哪里。

首先商家要弄清楚流量的入口有哪些。哪些入口适合自己的类目，适合自身店铺情况。每个流量入口的规则是什么，不同的入口有不同的分配规则，商家要清楚一个事实：淘宝这么多流量入口不可能全部都分配到自己店铺里去，要优先去做适合自己的流量入口。

1. 自然搜索流量

几乎所有的商家都依靠自然搜索流量，但有的网红店是不依靠搜索流量的，因为它有很多的入口。这么多的人在竞争搜索流量，肯定会有分配不均的问题。不仅仅是淘宝商家难获得自然搜索流量，整个淘宝平台本身的流量是不够的，可以发现很多其他平台都在瓜分互联网营销的这个红利。所以商家的搜索流量已呈下降趋势，因为它已经达到一个瓶颈了，如果更多的人还是在做标题优化和搜索排名，那么效果可能不会很好。

2. 直通车

根据淘宝大数据的反馈发现，大多数的直通车流量都是亏本的。商家都在竞价排名，花钱买流量，任何一个工具，竞争的人多了，必然会导致产出下降这样一个问题。此时，蓝海也会变红海了。但是也有能够赚钱的，这个就需要有技巧性地去"开车"。

内容营销是淘宝千人千面机制下的产物，通过熟人、有影响力的达人或主播向粉丝传达不错的产品。内容营销又分公域流量和私域流量。

（1）公域流量，是指淘宝直播、淘宝头条、猜你喜欢、有好货、必买清单、每日好店、亲产品和极有家等。

（2）私域流量，是指微淘等。

现在淘宝的内容营销的流量占比越来越大，如果商家不能在里面分到一杯羹的话，会非常难做。但这些内容营销流量也不是很容易做，如果想做好就需要关注它每一个板块的规则和玩法。例如淘宝直播，2016 年以前开通的门槛是很低的，几乎所有的店铺都能享受这个福利，都在不断地利用好直播这个功能。上新时直播一次，就能够引来很不错的流量，再加上微淘这个私域流量，双管齐下，把粉丝维护好，每个月的销量很不错。

案例　设置淘宝手机店铺推荐产品

第一步，登录淘宝店铺主账号，进入卖家中心的"出售中的产品"，可以看到"心选推荐"，如图 7-15 所示。

图 7-15　进入淘宝网卖家中心

第二步，打开之后，点击手机版设置，需要添加"计划名称""主商品"和"推荐内容"，主商品指的是打开哪款产品详细页可以看到心选的模块，如图 7-16 所示。

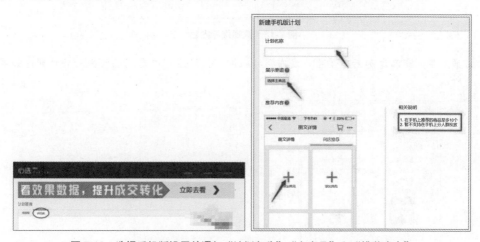

图 7-16　选择手机版设置并添加"计划名称""主商品"和"推荐内容"

第三步，选择主商品，一款商品只能选择一个计划。主商品是没有限制的，选择后点击确认，如图 7-17 所示。

图 7-17　选择主商品

第四步，选择推荐内容，推荐内容只能选择10款，可以是任意产品。如图7-18所示，点击添加商品上面的"+"将产品链接输入框中，并获取信息，点击确认。

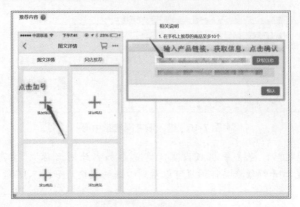

图 7-18　选择推荐内容

第五步，商品添加后，单击"发布"按钮即可。然后可以看到已经投放的计划，如图7-19所示。

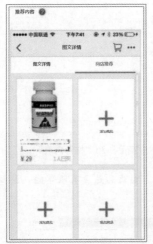

图 7-19　添加商品并发布

7.7　创业活动——在店铺中设置产品推荐

7.7.1　创业故事——分析我淘宝店铺的创业经历

　　淘宝现在依然是许多有志青年创业的一个不错选择。对于开淘宝店铺的人来说，店铺如果经营得好，就能够得到一个不错的回报；但是如果经验不足，也会面对许多的问题。有的人把开淘宝店铺想得太复杂，也有的人把开淘宝店铺想得太过于简单，这两种想法都是不正确的，对待淘宝应该有一个正确的认识，否则就会出现一系列的问题。

我从 2016 年开始做淘宝，开了一个小小的网店，当时看了许多经验总结帖，在一无所有的情况下，做起了女装的代销。虽然刚开始的时候生意很好，但是不久就深陷泥潭，下面给大家分享我的故事。

我大学毕业就开始自己创业，选择了做淘宝店铺。当时女装竞争还没有这么大，我从阿里巴巴上做代销。刚开始的时候也听朋友的规劝开了直通车、刷了单，三个月之后除去推广费，净赚了 12560 块钱。女装的更新换代是比较快的，我赚了钱之后，觉得代销赚得不够多。于是在阿里巴巴上换了一个供货商，自己进货经营，不再做代销。同时，因为店铺的生意很好，所以就停止了刷单和直通车这些工具。新的货源款式上架之后，有一些回头客来购买，虽然流量没有之前的多，但是也不错。然而，快递发出去几天之后，有几个客户进行售后告诉我衣服的质量没有原来的质量好，要求退货。我们的售后服务态度是比较好的，办理了退货业务。我联系了供货商，但是供货商对于这种情况并没有表示理解，甚至还拿出合同说无法对已售出的产品进行退货。

于是在一众退货与中差评之中，我失去了积攒了几个月的客户，也对开淘宝店铺失去了信心。不到半年的时间，我满身伤痕退出了淘宝。我的经历虽然很短暂，但是希望大家能从我的经历中汲取一些经验，不要在同样的地方跌倒。

后来，我进行了分析。我开淘宝店铺的时候，市场竞争并不是很大，刚开始也积攒了一定的客户基础，之所以会失败，一是因为没有找到正确的经营方法，二是因为换了一个不靠谱的供应商，三是因为自己丧失了勇气与信心。这些问题在经营的过程中，完全是可以避免的。

在经营方面，产品的推广是必不可少的。尤其是上了新货的时候，需要通过刷单、直通车以及淘宝客等哪一种途径，把店铺的流量带起来。因为我们既然推出了一个商品，就不能满足于仅仅让老客户购买，还要通过各种方式的推广吸引新客户，从而赚取更多的利润。

在货源方面，我的经验就更不可取了。我在寻找货源的时候，根本就没有进行对比，只看到了价格的便宜，就选择了那个不靠谱儿的供货商。我们在选择货源的时候，尤其是在网络上选择供货商的时候，一定要关注供货商的方方面面，从诚信到售后，对他们的每一个不合理之处进行分析，以防被骗。

希望大家不要像我一样，遇到一些挫折就丧失勇气和信心。暴风雨之后的彩虹才更美丽，在淘宝店铺上遇到挫折的时候，你们要做的是积极地寻找解决的办法，没有过不去的坎，一个坚定的信念对开店铺的你是很重要的。

给大家分享我的经历，主要是希望大家能够避开我所经历过的坎坷，向着更好的方向出发。

7.7.2　技术引进——如何让店铺短时间快速获取流量

流量是决定网店销量的基础因素，最直接也是最重要的影响就是产品销量的提升，很多掌柜对流量的决定性因素没有一个准确的概念，认为店铺没有流量是因为信誉度不高，但是更为重要的还是要从基础的推广做起。

1. 店铺流量来源分析

大家经常说的店铺流量，其实就是指店铺的访问量，用来描述访问店铺的用户数量及买家所浏览的产品页面数量等指标。因此店铺流量越大时，销出商品的概率也就越高，店铺的销量也越好。一般来说，想要提升店铺流量，可以从五大流量来源入手，分别是淘宝站内、淘宝站外、淘宝推广、搜索引擎和直接访问，其相对应的优化方式也有 5 种。淘宝站内引流，可以通过淘宝内部各种名目、搜索、活动等引进店铺；站外引流，可以借用微博、导购网站；淘宝推广，可以采用直通车、淘宝客等推广方式；搜索引擎，访问者可以通过在百度等相关搜索引擎中搜索关键词来到商家的店铺；直接访问，有可能是用户收藏了商家的店铺，或者朋友推荐，也可通过QQ空间、签名、微博以及SNS网站等推广商家的店铺。

2. 店铺流量关键词设置

要想知道店铺如何短时间获取流量，就需要先知道用户是如何搜索到自己的产品的。多思考淘宝排名规则，为什么别人的产品在搜索页面中会排得靠前，自己也要想方法让自己的产品排名也提上去。这样，产品被用户看到的概率就会加大，店铺流量就会上升，销量也跟着上去了。要做到排名靠前，关键还是关键词的设置，关键词是主搜，用户可以直接输入属性找到想购买的产品。另外，橱窗推荐、上下架调整和标题优化也是提高关键词搜索展现量的好方法。

（1）上下架调整。

众所周知，淘宝每个搜索页面仅显示40个产品，总共100个搜索页。淘宝排名轮回周期为一周7天，产品的排名会随着时间推移越来越靠前，排名最靠前的时段是在7天轮回的最后一段时间。快下架的那段时间是相当宝贵的，大部分流量都是那段时间被引到自家店铺中的。因此，新店开张时，建议商家根据客流量大小来安排下架的产品数量，在客流量大的时候，排名靠前的产品多些，客流量小的时候，排名靠前的产品少些，这样店铺才会有源源不断的流量被引进店铺。

目前，购买人群最多的时段在一天之内有三个，分别是早上10点~12点，下午3点~5点和晚上8点~10点。正常情况下，周一到周五的人群比周末要多。因此，在安排上下架的时候，需要根据店铺开张的时间、客流量峰值来安排产品上、下架。

（2）橱窗推荐。

橱窗推荐是指把店铺最优秀的产品展示出来吸引顾客点击进入店铺。这也是商家的目的。淘宝天猫店的所有产品都是被橱窗推荐的，因此优化可以不用。但集市店的橱窗数量是有限的，因此，店铺经营得好，橱窗数会增加，反之橱窗数会被减少。如果有100个产品，却只有30个橱窗，要推荐哪30个？这是个问题。更重要的是，集市店的店铺需要在产品快下架的那段时间进行橱窗推荐，推广的效果才最好。

（3）标题优化。

标题关键词的设置很重要，如何把文字设置到用户的搜索心理上，是个很值得研究的课题。若标题中含有用户热搜词，那么就满足了系统的搜索条件，就有可能搜索到这款产品。但不是把所有的热搜词都加进去，产品标题的字数也是有限制的。因此，商家要把最核心的卖点和最为需求的文字加进标题中，这样才会增加产品的展现量。

此外，店铺要如何短时间获取流量？消费者保障服务、商家质量分、店铺评分以及退款纠纷率也会影响排名，它们在关键词搜索中不是主要因素，但对于类目搜索有影响，也是值得注意的。

课堂练习 分析自己店铺的流量来源

参考前面所讲内容，学生根据自己店铺的特点以及主营产品类别，分析流量营销的主要来源，为实际运营做好准备。

7.7.3 任务实施——在店铺中设置商品推荐

1. 活动内容

（1）学生根据前面所学内容，在自己店铺的平台上发布产品。

(2)学生根据前面所学内容,为自己的店铺设置产品推荐。
2. 活动要求
(1)一个产品要发布 5 张产品图。
(2)为推荐产品执行搜索关键字。
(3)为自己的产品设计引流方案并作出说明。
3. 活动评价
参考同类产品搜索排行,评价如下:
(1)产品图制作是否符合规格要求,是否能吸引点击。
(2)关键字是否包含了产品特征。
(3)引流方案是否具有可行性。

7.7.4 举一反三——为自己店铺选择流量营销模式

参考前面所讲内容,学生为自己的店铺选择一种流量营销的方式。

7.8 本章小结

本章着重介绍了通过 SEO 获取流量、通过店铺推荐获取流量;了解流量互换;优化店铺关键词;京东店铺如何获取流量;拼多多平台设置店铺推荐以及精细化运营淘宝平台。同时设计制作了相应的任务,针对创业活动在店铺中设置产品推荐,可以使学生充分理解并掌握电台平台流量营销的相关知识。

7.9 课后习题

完成本章内容学习后,接下来通过几道课后习题,测试学生的学习效果,同时加深学生对所学知识的理解。

7.9.1 选择题

1. 下列选项中,属于流量营销分类的是(　　)。
A. 传播型营销　　　B. 引导型营销　　　C. 运营型营销　　　D. 推广型营销
2. 下列选项中,属于标题涵盖元素的是(　　)。
A. 启动词　　　　　B. 破冰词　　　　　C. 流量转化词　　　D. 精准转化词
3. 下列选项中,属于京东店铺动态类型的是(　　)。
A. 专题动态　　　　B. 促销动态　　　　C. 上新动态　　　　D. 秒杀动态
4. 下列选项中,不属于淘宝平台内容营销中公域流量的是(　　)。
A. 淘宝直播　　　　B. 淘宝头条　　　　C. 微淘　　　　　　D. 有好货
5. 下列选项中,属于常见的交换流量方法的是(　　)。
A. 放广告带给对方流量　　　　　　　　B. App 拉新推广
C. 传统品牌线上线下联动　　　　　　　D. 金融保险用户互动

7.9.2 填空题

1. 爆款的操作步骤分别是选款测款、制定操作计划、_____和_____。
2. 通过 SEO 搜索需要注意拿到想要词的流量、能准确分别出真假词、_____、_____、_____、影响搜索流量增长的元素和能准确判断出标题的初始得分是多少。
3. 流量互换就是相互给合作网站带去流量，以_____、_____和_____等方式带出。
4. 京东店铺善于_____、_____和_____获取丰富流量。
5. 淘宝平台中的内容营销可分为_____和_____。

7.9.3 创新实操

根据本章所学内容，以"优盘"产品为例，如图 7-20 所示，学生为自己的店铺设置产品推荐，同时为推荐产品执行搜索关键字。

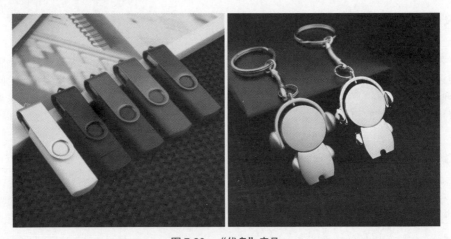

图 7-20 "优盘"产品

第 8 章 用户裂变营销

随着互联网的日益发展成熟，传统的营销方式已经不再适应当下的时代了。裂变营销凭着其成本低、效果快、口碑好三个特点称霸营销市场。不管是增加用户还是增加粉丝，裂变营销都非常适用。本章将针对电商营销中的用户裂变营销进行讲解，帮助学生了解裂变营销的概念，掌握裂变营销的技巧，掌握用户池的创建与维护方法，并通过创意活动将用户裂变营销应用到自己的店铺营销中。

8.1 了解裂变营销

移动互联网时代最贵的是什么？是流量吗？是，但也不是。流量只是结果，移动互联网时代最贵的是用户关系和关系链。

人是社会中的个体，离不开各种人际交往，移动互联网让这种人际关系变得更加紧密、更具交互性。在复杂的人际交往中，信息的流动构成了源源不断的流量，这些流量对于企业而言就是巨大的、可发掘的金矿。

腾讯之所以能够稳坐互联网三巨头之一的位置，靠的不是工具应用的垄断，而是通过QQ、微信等社交产品，打通和绑定用户关系链。这种绑定带来了最大的商业价值，不需要通过传统的广告和营销模式去告知用户，只需要通过充分的社交沟通就能让用户追随朋友的喜好，例如"你的朋友正在干嘛，你要不要跟他一起来"，从而使用户接受一个新产品。

关系链成本是锁定用户行为和忠诚度的一个指标，如果没有社交关系的绑定，很多功能强大的产品就很容易被用户放弃，而注入了社交因素的产品，使用频次会明显增多，口碑推荐可以提高用户信任，消费完毕朋友间还可以相互比较。而当用户要放弃产品时，也会慎重考虑脱离圈子的营销。

社交关系链是任何企业、任何产品在移动互联网上最强大的护城河。获取低成本社交流量的关键就在于社交关系链的打通。企业要想办法持续输出内容来刺激用户，使其从用户转为"粉丝"，再主动将企业的品牌或产品信息传播出去，成为企业在移动互联网时代网状用户结构中的重要连接点。

企业一定要善于借助社交平台如微信公众号、微信群和朋友圈的力量，在内容和福利的驱动下，触发用户身边的连接点，进而将用户的整个关系网络打通。当企业自有用户流量达到一定量级时，裂变的效果也就喷薄而出。

8.1.1 AARRR：从拉新到裂变

AARRR 是近几年兴起的增长黑客中提到的 App 运营增长模型。AARRR 分别是指：获取用户（Acquisition）、提高活跃度（Activation）、提高留存率（Retention）、收入获取变现（Revenue）和自传播（Referral），如图 8-1 所示。

图 8-1　App 运营增长 AARRR 模式

AARRR 模型不仅适用于 App，企业在营销的过程中也可以按照这五步来检验营销效果。

1. 获取用户

获取用户是运营一款应用的第一步，所有企业建立品牌、推广和营销的目的都是获客拉新。如果没有用户，就谈不上运营。

2. 提高活跃度

很多用户第一次使用产品的场景其实很被动。有些产品用户可能只使用了一次就放弃了，那么这个用户就没有成为产品真正的用户。究其原因，有可能是注册流程太烦琐；产品功能同质化；产品没有达到用户的期望值而且不能满足其需求以及第一次使用完全是利益驱动。

很多原因都能影响用户后续的体验和消费。但显而易见的是，一个用户在产品中的活跃频次，决定了该用户是否是此产品的真正用户。所以企业要通过运营或者其他有趣的营销手段，快速提高用户的消费频次，将初次用户转化成忠实用户。比如可以通过体验良好的新手教程吸引新用户。

3. 提高留存率

"用户来得快，走得也快"是企业面临的另一大难题。在当下，一个产品获客 100 人能够留存 10% 就已经很厉害了，如果能留存二三十人，那就是爆款。用户来了之后，用完商家的产品就走了，这是一个很不好的现象，证明商家产品的用户体验不太好。更糟糕的情况是，商家的产品教育了市场，说明用户知道了市场上还有这样的产品，一旦用户发现更好的产品，就会投奔到竞争对手那儿，等于商家帮竞争对手打了广告。

解决这个问题首先需要通过日留存率、周留存率、月留存率等指标监控应用的用户流失情况，并采取相应的手段在用户流失之前，激励这些用户继续使用。

4. 收入获取变现

变现是产品最核心的部分，也是企业最关心的部分。有些互联网产品前期采用补贴策略，获取很少收入甚至无收入。例如共享单车，产品本身如果能够获取一些收入，让企业盈利，这是企业希望达到的理想状态。

无论采用哪种变现方式，收入都是直接或间接来自用户。所以提高活跃度、提高留存率，对获取收入来说是必备的基础。用户基数大了，收入才有可能上量。

5. 自传播

自传播这一环节在社交网络兴起的当下至关重要。如果用户觉得好玩儿、有趣，或者有利益驱动，就会自发性地将产品分享到社交媒体。然后，通过老用户找新用户，产品获得了更大的扩散。自传播也就是产品的流量裂变过程。

自传播的核心在于产品本身是否真正满足了用户的需求且产生了价值。从自传播到获取新用户，产品形成了一个螺旋式的上升轨道，用户群体可能会产生爆发式的增长。

可以看出，在 AARRR 模型中，获取用户就是流量入口，提高活跃度就是惊喜时刻，提高留存率就是产品价值，收入获取变现是单位价值，而自传播就是放大传播效应。

从营销的角度来解读 AARRR 模型，以下三点非常重要。

（1）获得第一批种子用户。只有拥有了第一批用户，才可能完成后续其他行为。尤其是裂变营销，其实质是用老用户带新用户，所以第一批用户非常关键，是营销的基础。

（2）提高留存率。想要提高留存率，在网络营销中可以不断试验，这是增长黑客和传统市场营销的本质区别。增长黑客提出的 MVT（最小化测试）是为了提高留存转化率。当然，社交关系链也是提高留存率的重要手段之一。

（3）裂变。这是指老用户通过技术手段，将应用产品病毒式推荐给新用户。

8.1.2 裂变营销——用一个老用户找来五个新用户

从运营的角度来说，裂变营销也符合 AARRR 模型。传播个体通过社交分享，例如奖励、福利和趣味内容等，帮助企业进行拉新运营，以达到一个老用户带来多个新用户的增长目标。

1. 什么是裂变

在裂变营销中，最想实现的结果只有一个，就是最低成本、最大限度地获客增长。虽然传统的市场营销人员也会关注增长，但和强调利用增长黑客的技术手段实现的增长有着本质区别，即是否能在"去广告化"的情况下实现获客。

众所周知，在社交媒体发展不完全的时代，企业要想获得市场，最主要的手段就是打广告。广告的成本包括创意制作成本和媒体投放成本两部分。绝大多数情况下，企业在制定创意策略和投放策略时，凭借的仍然是市场营销团队的经验。这种对团队经验的依赖，让创意和投放都可能是一锤子买卖，试错能力差，失败成本高，令企业的获客增长存在着巨大的不确定性。与之不同的是，使用增长黑客的技术手段实现的裂变营销，会大大降低广告的不确定性。

2. 与传统营销相比，裂变营销的不同之处

与传统营销相比，裂变营销的不同之处包含强调分享和后付奖励两点。

（1）强调分享。

必须通过老用户的分享行为带来新用户，这样成本最低、获客最广。

微信和微博等社交 App 诞生并且成为主流应用后，分享平台和技术手段已经不是障碍，如何让用户分享才是关键，福利设计和裂变创意是主要解决手段。

（2）后付奖励。

将原来实现拉新获客的广告费用，分解成老用户推荐的奖励费用与新用户注册的奖励费用，如图 8-2 所示。这些奖励基本都采取后付模式，用户只有注册或完成行为之后才能获得奖励，从而降低了企业的广告投放风险。

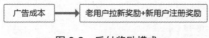

图 8-2 后付奖励模式

根据以上两点，增长黑客的主要任务就是以数据驱动营销决策，在维持住原有用户使用习惯和活跃度的同时，通过技术手段反复测试以提高分享率，并将广告费用奖励给用户，不断对新生用户产生刺激，贯彻增长目标，为企业带来利润。

如表 8-1 所示为裂变营销的优点。

表 8-1 裂变营销的优点

优 点	不断更新，快速试错，找出用户活跃度的关键点，提升分享率
	使用技术手段，减少创意成本，降低广告投放成本
	把广告费奖励给客户，刺激用户更广泛地分享

通过技术实现的裂变增长，对于很多高频低客单价的行业来说，是一种性价比非常高的拉新推广手段。如果配合精准的裂变渠道，其拉新成本会大大低于传统拉新成本。这种拉新流量是基于社交信任关系的，转化率以及留存率也超出传统拉新渠道很多。

案例　肯德基裂变营销

肯德基进入中国 30 周年时，商家做了一个"经典美味价格回归 1987 年"的活动，即把两款经典产品调整回 30 年前的价格，回馈用户。参与者只需要通过微信或者官方 App 成为肯德基会员，在餐厅内凭券即可购买一份 2.5 元的吮指原味鸡和一份 0.8 元的土豆泥。

这个活动本身并没有多少新意，但创新的是广告推广方式：采用裂变手段，通过品牌自身媒体，分别在微信公众号、官方 App 和支付宝平台发放优惠券，在限定时间内仅供会员使用。

由于会员数量巨大，又是通过社交平台分享，活动推出 36 小时后微信指数即突破 1000万。整个活动期间，社交媒体的总体声量超过 9100 万。

8.2 裂变营销的技巧

裂变营销的方法有很多，App 裂变包括拉新奖励、裂变红包、IP 裂变、储值裂变、个体福利裂变和团购裂变；微信裂变包括分销裂变、众筹裂变、微信卡券和微信礼品卡；线下裂变包括包装裂变、O2O 积分或现金红包和社交裂变。

8.2.1 App 裂变

App 裂变的玩法主要包括拉新奖励、裂变红包、IP 裂变、储值裂变、个体福利裂变和团购裂变六种形式。

1. 拉新奖励

用老客户带来新客户是流量裂变的本质。福利刺激、趣味吸引和价值共鸣都是常用的手段，是见效最快的玩法。

拉新奖励，就是企业确定老用户带来新用户时给予双方的奖励政策，这一般是 App 标配的裂变玩法。

案例　神州专车裂变营销

神州专车在 App 页面长期设有"邀请有礼"活动。活动机制很简单，邀请一个好友，好友注册并首乘之后，神州就会送给老用户三张 20 元的专车券作为奖励，如图 8-3 所示。这样就能激发老用户的参与度，自发为品牌寻找新用户，加速用户数量的整体增长，也能为企业品牌获得在朋友圈中长期露脸的机会。

这种利益的驱动虽然没有什么创意，只是纯粹基于技术裂变的拉新手段，但是这个手段却能为企业带来持久、有效的转化效果。

图 8-3　神州专车裂变营销

2. 裂变红包

裂变红包属于群体性裂变形式，很常见，操作也很简单。用户在结束一次消费行为之后，收到的红包可以分享给好友。这个红包可以被多次分享，也可以自己领取。不论是从利益的角度还是内容炫耀的层面来看，这种裂变红包都是用户愿意分享的，可以让更多的人在得到优惠的同时为产品和品牌自发宣传。图 8-4 所示为美团和饿了么 App 裂变红包。

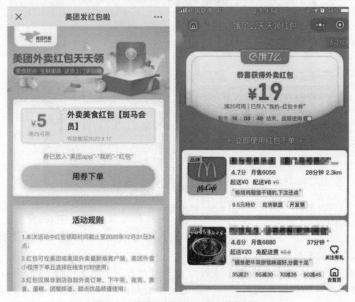

图 8-4　美团和饿了么 App 裂变红包

裂变红包的规则是裂变系统的关键,也是裂变真正能够发生的关键。要根据用户的兴趣、习惯以及企业投入产出比测算来制定出最合理的规则,才能确保裂变成功。其主要方法包括:分享可得规则、二级复利规则、集卡可得规则以及注册、下载、购买可得福袋规则等。

裂变红包是 App 营销最常见的方法。但是随着商家的高度同质化,创意欠缺精美,福利优惠越来越少,导致越来越多的用户开始审美疲劳,不太愿意分享裂变红包。因此,企业需要通过一些新的方式进行改进,让裂变红包变得更有趣。

3. IP 裂变

IP 裂变是裂变红包的升级玩法。

> **案例** 神州专车IP裂变
>
> 神州专车通过流量合作换取到大量免费影视 IP 资源,比如 IMAX(巨幕电影)全球顶级电影的免费宣传播放资源、爱奇艺的热门影视剧新片资源等。然后用影视海报、明星形象等设计裂变红包的分享页面,让用户把红包分享出去的时候更像是在分享一个近期有趣的影视内容,降低了领补贴的目的性。
>
> 在神州专车长期的 IP 裂变中,电影《鬼吹灯之寻龙决》的裂变效果做得最好,红包使用了舒淇的形象裂变——摸金校尉"舒淇送你专车券"。仅凭这一次裂变,神州专车就收获了近 40 万新增用户。在整个推广过程中,其实也没有太多复杂的创意。很多人就是因为喜欢看《鬼吹灯之寻龙诀》这部电影,看到"舒淇送你专车券"红包页面,觉得设计得很精美,创意还不错,又能领取补贴,就分享到了朋友圈。在朋友圈里的人,如果看过这部电影或对这部电影感兴趣,就会自发分享领券,然后下载专车 App 使用,如图 8-5 所示。

图 8-5 神州专车 IP 裂变

在整个裂变过程中,分享、下载、转化的效果要远远高于纯创意性的内容传播,这就是"技术+创意"的裂变形式。

通过 IP 裂变红包,神州专车在高峰时期每天有超过 7 万次的分享,能带来 2 万~3 万的新增注册用户。在新用户注册之后,神州会通过触发短信再发放邀请提醒,加速最终的营销转化。

4. 储值裂变

储值裂变其实是信用卡主副卡概念的一种移动端玩法，目的不仅是老用户拉新，还能提高用户消费频次。

案例 神州专车的亲情账户

神州专车之前做了多次大力度冲返活动，激发了用户在专车账户中的充值行为。但是用户自己的乘坐次数毕竟是有限的，导致账户储值额很高。为了鼓励用户更多乘车，提速储值消耗，神州开创了一个新型列表——亲情账户。

这是类似信用卡主副卡、淘宝亲密付的程序，主用户只要绑定家人、朋友的手机号码，对方就可以使用主用户的账户叫车、支付，同时在个人允许下，主用户可以掌握家人和朋友的行程安全。

当然，被绑定手机号码的家人、朋友需要下载专车App，才能使用亲情账户，这样也能增加App下载量。这款产品一上线，就收到了爆炸式的效果。

神州只选用了微信公众号和App内部告知两种传播渠道，就在10天内收获了118万新增用户。如果按照一个订单成本的价格是80元计算，这次营销至少为企业节省了千万元的传播成本。除了带动新用户增长外，产品上线后首月累计安全行程达到了1120万公里，整体账户消耗超2000万元，远远超出了之前的规划目标。

更有趣的是，由于家人、朋友的行程信息可以发给主账户，所以这款产品使用户全家人都对神州的安全定位比较认同。

5. 个体福利裂变

除了一对多的裂变红包，个体福利裂变也会被用到，适合于单次体验成本较高的产品，尤其是虚拟产品，例如线上课程、教育产品和游戏等。

在"喜马拉雅FM"中有很多付费课程，为了让更多的用户使用，很多付费课程都设有"分享免费听"，就是原本付费才能听的节目，只要分享到朋友圈就可以免费收听，并且长期有效，如图8-6所示。

图8-6 喜马拉雅分享免费听页面

这个功能的设置，一方面直接给用户带去了真实的福利，另一方面通过裂变分享接触到了更多潜在用户。

6. 团购裂变

拼多多 App 的团购裂变也创造了流量和销售额奇迹。拼多多是一家成立于 2015 年、专注于 C2B(消费者个人到商家的交易方式) 拼团的第三方社交电商平台。用户通过发起拼团，借助社交网络平台可以和自己身边的人以更低的价格购买到优质商品。

虽然拼团模式在电商中并不是新鲜的玩法，但是拼多多却在"社交＋电商"模式下深挖，将两者有机融为一体，取得上线未满一年单日成交额突破 1000 万元、付费用户突破 2000 万的优异成绩。

让用户"通过分享获得让利"是拼多多运营的基本原理。其优点在于，每一个用户都是流量中心，而对于平台和入驻商家而言，每一次的流量分发也能带来更为精准的目标群体。这样既能刺激用户的活跃度，提高黏性，又能引出更高的复购率、转化率和留存率。

可以看到主动用户在看到平台的低价、福利刺激后，付款开团并分享至社交平台；被动用户在看到分享链接后，被"便宜"和"有用"两大诉求刺激进而完成购买及再次分享。由此，在二级用户基础上不断裂变直至拼团成功。图 8-7 所示为拼多多的拼团流程。

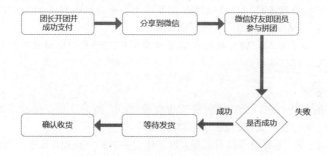

图 8-7　拼多多的拼团流程

相比于传统发起团购的互不相识，基于移动端的熟人社交成为拼多多模式的核心。用户在拼单的过程中，会为了自身利益自觉地去帮助推广，借助微信完成病毒式传播。这种"客大欺店"的效果，让用户和商家双双获利，是裂变营销的又一种创新。

8.2.2　微信裂变

日活跃用户超过 12 亿的微信，是企业免费获取社交流量最快捷的平台。每个人手机里最不会删除的应用就是微信。所以，基于微信的裂变是营销的重头戏。

企业可以利用对微信图文的技术福利改造、对 H5 的技术福利改造，让用户每次分享微信图文或者 H5 时都会获得一定的福利刺激，例如代金券、现金红包，让用户受到利益驱动，主动分享甚至邀请朋友分享，让身边的人都能获得福利。

同时，可以将这种福利规则设计成福利模式，将图文或者 H5 分享给好友之后，好友再分享给他的好友，也就是二次分享之后，你还会获得额外的二级福利。你分享的活跃好友越多，获得的二级福利就会越多。

这样的推广效果是传统广告完全不能比肩的，而且成本也要远远低于传统品牌推广方式。通过朋友圈的口碑力量，企业和品牌获得的美誉度要更高。

企业还可以对裂变素材进行创意改造，符合裂变的内容需求，具备社交裂变的内容属性，这样在福利刺激和技术的支持下，可以取得事半功倍的效果。

常见的微信裂变形式有四种，分别是分销裂变、众筹裂变、微估卡券和微信礼品卡。

1. 分销裂变

分销裂变是指利用直销的二级复利机制，借助物质刺激实现裂变。

裂变的路径一般只设置两个层级，只要推荐人推荐的好友，或者好友推荐的好友，有了投资，推荐人都会获得一定比例的收益。这对专业的推荐人来讲，激励作用会很大。

其中最常见、最简单的形式就是微信的裂变海报。"一张海报＋一个二维码"，通过社交媒体就可以生成用户专属的海报。

案例　神州专车分销裂变

神州专车"U+优驾开放平台招募司机"，就是一个节省了千万元招聘费用的裂变案例。

神州当时希望招聘2万名私家车司机，但是推广预算很少。如果通过人力资源部门和劳务公司，基本上一个司机需要支付300元左右的招聘成本。于是，神州就尝试使用了裂变海报的方式。图8-8所示为神州专车分销裂变海报。

图8-8　神州专车分销裂变海报

在推广时，神州先让现有司机生成一张个人专属海报，再让现有司机把海报发到朋友圈和自己的各类好友群。

其他司机好友通过该司机海报上的二维码进入并注册，在接单10次以后，原分享司机就能获得100元拉新奖金，而他的司机好友也能获得接单奖励。

神州开通了"优驾开放平台"公众号，裂变海报技术做好之后开始推广。在发布的第一天，神州把海报投放进了大量司机微信群。司机是第一批种子用户，神州鼓励他们发展下线。

结果出奇得好！神州当天就生成了超过三万张海报，很多司机积极响应，都想当"上线"，就马上关注了平台的微信，并且自发在各个司机群里发放海报。

最终，一周内分享生成8万多张海报，获得了超10万名司机报名。按照人均300元的招聘费用计算，此次裂变推广最终节约招聘费用近1000万元。

除了完成招聘任务，神州还多了一个惊喜，"优驾开放平台"一周内微信粉丝突破20万，而且基本都是私家车司机，之后他们的每篇微信头图都能轻松过万。

当然，这种复利分销要十分注意"诱导分享"被微信平台封号的问题。因涉嫌传销模式，页面上不能体现任何分享有福利的描述，否则会被定义为"诱导分享"，只能在种子用户或社群中传播。现金红包必须用技术手段控制，不然会有红包被恶意刷取的风险。

2. 众筹裂变

众筹裂变其实更多的是借助福利的外在形式，利用朋友之间的情绪认同产生的自传播。众筹裂变的核心是优惠，但是优惠只是表象，品牌在朋友圈中的人气和能动用的社交力量才是众筹裂变的根本所在。

案例　神州专车众筹裂变

神州买买车做过一个砍半价车的 HS 推广。活动机制是，首先用户需要关注官方微信方能砍价，每个人都能砍价一次，金额在 0.1 元至 100 元之间随机选择。砍价之后会随机出流量、积分等大礼包，用户需要留存信息后方可领取。分享此活动页面至朋友圈，可额外获得一次砍价机会，分享后再次砍价。

活动上线的第一期，神州买买车官方微信增"粉"2万多人，单"粉"成本仅为0.75元，远远低于日常活动增"粉"成本。

3. 微信卡券

卡券功能是微信卡包的核心内容，企业可以通过公众号、二维码、摇一摇电视和摇一摇周边等渠道进行卡券的投放，可以有效地提升商户到店顾客数量，实现线上发券和线下消费的O2O闭环。

卡券功能主要适用于有线下实体店的企业。"朋友共享优惠券"是卡券功能的亮点之一，真正打通了微信的关系链。用户无论是通过线上渠道还是线下渠道获得了商家的优惠券，都可以自动分享给朋友，等于一次帮所有的朋友领取了优惠券。由于不同的人对不同商家和功能的卡券需求不一样，微信"朋友的优惠券"实现了卡券的整合优化，同时实现了裂变。图 8-9 所示为微信"朋友共享优惠券"页面。

图 8-9　微信"朋友共享优惠券"页面

4. 微信礼品卡

不同于卡券，微信礼品卡是微信限制放开的一个功能，主要特点是用户可以购买电子礼品卡，用于购买商品或赠送好友，其最大的亮点就是形式接近微信红包，观感舒服，容易激发用户的购赠行为。

案例　星巴克"用星说"

"用星说"是星巴克和微信合作的全新社交礼品体验。用户可以在线购买单杯咖啡兑换卡或"星礼卡"（储值卡）赠送给微信好友，并在赠送页面上用文字、图片和视频留下对好友的专属祝福，如图8-10所示。

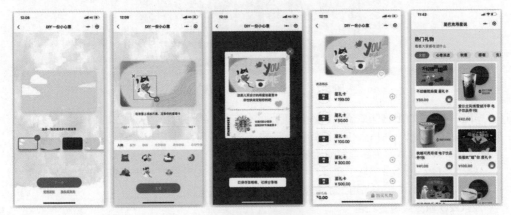

图8-10　星巴克"用星说"

星巴克的"用星说"其实可以理解成一种类似于微信红包使用体验的数字化咖啡券。就像在微信的聊天界面中给朋友发送红包一样，用户只要在两个人对话时把礼品卡发送给朋友就可以。

对于很多快消或零售品牌而言，微信礼品卡这种新玩法包括了社交和消费两大核心元素，为企业带去了更多裂变的可能。

8.2.3　线下裂变

裂变主要是在线上发生，由于拥有十分庞大的社交关系链，以及便捷的分享方式，所以在裂变的实现上会更为容易，但这并不代表线下产品无法完成裂变。

其实，有很多线下的裂变形式大家都非常熟悉，例如小浣熊干脆面的集卡、饮料瓶盖上的"再来一瓶"等，都是传统产品用来获客拉新的手段。而互联网的开放环境，尤其是移动互联网的便捷性，能在保证传播速度的同时，让裂变营销有了更适宜的土壤环境。只要营销手段使用得当，有趣、自带话题性质、可分享和能获利的产品完全可以实现从线上到线下的转化。以线下为主的营销行为，如果不能通过O2O把流量导到线上，并通过社交媒体分享，那么很难叫线下裂变。

1. 包装裂变

包装是产品面对用户的直接接触点，所以包装是传统产品产生裂变的第一传播途径。企业可以对产品包装进行含有利益、趣味的设计，最终达到传播且销售增长的效果。

之前，味全果汁的包装一直强调"成分""高品质"这样的厂商语言，年轻消费者对这样的包装并不感兴趣。味全每日C在很多人眼中成了有年代感的品牌。

之后，味全每日 C 果汁更换了全新的包装，并将这一系列包装命名为"拼字瓶"，一共七种口味的果汁，每种口味配六款不同汉字的包装，一共四十二款，如图 8-11 所示。

图 8-11 味全每日 C "拼字瓶"包装

很多网友喜欢把这些瓶子摆出各种好玩儿的句子，甚至很多年轻网友专门去超市买味全果汁摆瓶子和拍照，然后上传社交媒体，当成一种新时尚。对于味全果汁来说，通过这样一次没有花费太多成本的主题营销战，带来了高转化效果。

味全每日 C 的"拼字瓶"和可口可乐的"歌词瓶""昵称瓶"一样，都属于在产品包装设计上进行简单改造，让产品用上了互动属性的裂变营销手段。

2. O2O 积分或现金红包

利用积分或红包的形式，修改产品素材的玩法形式，达成线下线上的联动，也是线下实物产品类裂变的一种可行方式。

例如，青岛啤酒曾年投入 2 亿元营销费用实现一瓶一码，开瓶后扫码就可领取活动现金，通过这一裂变形式实现了销量猛增。

青岛啤酒的这一案例其实是一个针对目标奖励人群，合理利用其"种子用户"达成销售的经典案例。

它针对的种子用户并不是它的使用消费人群，而是啤酒销售员。扫码返奖可能会让真正的消费者产生兴趣，但不会有巨大的吸引力。而啤酒的销售量很大限度上取决于啤酒销售愿意推广哪款啤酒，自然而然，销售员就成了推广裂变最重要的种子。

线下包装裂变的案例还有很多，例如我们经常会在包装袋中看到一些小卡片，上面写着"扫码有惊喜""码上扫红包"之类的福利诱导。一些用户看到这样的小卡片可能会丢掉，谁会真的去扫呢？但其实各种线下线上渠道售卖的快消品的投放量一般非常大，所以扫码的绝对数量也是惊人的。

3. 社交裂变

线下裂变需要完成线下到线上的分享，才能实现真正意义上的流量爆发。但是如果线下产品可以通过自身满足用户社交欲望的改造，具备"分享"和"社交"两个基本功能，产品本身就能实现社交裂变，也不失为一种有效的方式。

可口可乐在社交化产品上打造的瓶盖系列堪称经典。

（1）用瓶盖打电话。

迪拜有大量来自东南亚国家的务工人员，对于背井离乡的他们来说，能在劳累过后给家人打一通电话是每天最幸福的事，但是每分钟 0.91 美元的通话费实在过于奢侈。于是可口可乐设计了一个电话亭，只要投入一个可口可乐的瓶盖，就能通话三分钟。在迪拜一瓶可乐的售价是 0.5 美元，相较于电话费划算很多。

（2）校园瓶盖活动。

Friendly Twist 是可口可乐公司几年前在哥伦比亚大学新生中间推广的营销活动。活动里的可乐瓶盖经过特殊处理，有些类似螺帽和螺母，一个人很难单独打开，必须找到另一个拥有与之相匹配瓶盖的人，经过两人合力才能扭开瓶盖。通过这次营销，刚入学的新生在找到合作伙伴一起扭开瓶盖时，快速适应了新环境，结识了新朋友。图 8-12 所示为 Friendly Twist 瓶盖。

图 8-12　Friendly Twist 瓶盖

当然，可口可乐瓶盖营销虽然体现了传统产品的裂变手段，可线下裂变活动单从效果来看确实更偏品牌，整个营销过程中并没有借助互联网、社交媒体形成大规模的流量裂变效果。

相比之下，奥利奥音乐盒的裂变效果更赞。

前些年，奥利奥在天猫超级品牌日独家限量首发了一款可以"边吃边听歌"的黑科技产品，上线仅一上午时间 2 万份限量礼盒便一售而空。图 8-13 所示为奥利奥"边吃边唱歌"黑科技产品。

图 8-13　奥利奥"边吃边唱歌"黑科技产品

奥利奥饼干化身为黑胶唱片，在特质的复古音乐盒里，接上指针，开始播放音乐。奇妙之处在于，被咬过的残缺饼干还可以播放并切换成一首新歌。而且用手机扫描盒子上的二维码，再扫描包装插画，就会进入 AR 模式，可以针对不同音乐播放不同的实景动画。

在这个案例中，促成消费者疯狂转发的原因是，在符合品牌调性的同时，奥利奥给消费者提供了一种超出预期的产品体验。

8.3 用户池的建立和维护

在开始建立自己的用户池之前，先要了解什么是用户池。

通过调查了大部分 App 从社交网络中获得用户和流量的数据，及用户分享去向的数据，我们发现了一个共同点：80% 左右的用户都分享去了"群和好友"。朋友圈排第一，用户更喜欢在自己的小圈子中聊天、分享和讨论。在这些圈子中，用户拥有更强的信任和影响，背后则是更强的转化和更高的活跃留存。每一个小圈子，就是一个小池，这个小池就是所谓的用户池。

用户池的建立，不是一朝一夕完成的，需要持续。从机构运营的角度来讲，商家需要把这件事放到战略级的高度来对待。因为商家一天构建不起强大的用户池系统，就一天不能建立起和用户之间的有效链接，从而就无法建立和用户之间持续互动的通道。在这种情况下，商家要么就选择需要巨大的广而告之的媒介，要么就只能选择"闭门造车"了。

微信的出现，把人和人彻底地联系在一起，使得线下和线上的相互促进成为可能。之前，商家做一次线下活动，需要通过在不同的场景中进行单页散发、拉访以及大强度的电话邀约。等人聚齐、活动完毕之后，留下联系方式如电话、Email 和 QQ 等，然而商家很难靠这些方式再把这些人聚在线上，形成可以不断互动的社群。现在则不同了，商家邀约来的线下客户，在活动完毕后，可以沉淀到线上的社群（用户池）里，而下一次活动又可以借助线上的社群导流到线下。这样，线上线下的用户池可以相互导流相互沉淀，形成相互促进和增长的循环回路。

所以这里的关键是，要把每一次线下活动，都看成沉淀线上用户池的机会；而每一次线上用户池的扩大，就意味着下一次线下活动会有更多的导流。

在用户池建立的过程当中，有可能社群之间有一部分客户是重叠的。没有关系，因为在这个环节，重点要的是量，通过量取质。要通过多种渠道、多种方式逐渐把自己的用户池建立起来。随着各类用户池里客户数量的不断累积，用户池会发挥越来越大的作用。

如何建立自己的用户池，如图 8-14 所示。

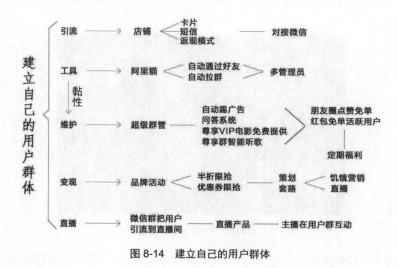

图 8-14 建立自己的用户群体

8.3.1 店铺用户引流

店铺引流是指把店铺的用户全部引流到微信上，主要模式和作用如表 8-2 所示。

表 8-2 引流——对接微信的模式和作用

模　式	作　用
投放卡片	发货的时候把卡片放进去，卡片要够吸引人，让用户先加商家微信
通过短信	通过后台里集客平台，可以专门给用户发短信
购物返现	可以引流到微信，商家拥有用户数据，只要请专门人员负责即可

8.3.2　使用阿里猫 App

朋友圈助手阿里猫 App 的功能比较多，但全部是针对群管的，是用来维护管理优质群的必备神器。阿里猫的出发点就是帮助会员轻松管理和轻松赚钱，这样直接解决了会员的痛点。图 8-15 所示为阿里猫 App 登录页面。

图 8-15　阿里猫 App 登录页面

阿里猫 App 主要有以下功能：
（1）自动通过好友，通过好友之后自动拉进相关的用户群。
（2）可设置多管理员，设置多个管理员给客服，让专门的人来看群维护。
（3）可以自动踢广告，群里如果有人发广告，影响群质量，可以设置关键词踢人系统。
（4）拥有问答系统，活动内容问答等。

8.3.3　用户池的维护

从建立用户池的那一天起，运营和维护就随之开始了。商家需要持续给用户池里的用户传递价值，这个是基础。在此基础上，商家也可以不断地往用户池里输送品牌价值、产品信息、企业理念和价值观等。商家传递的价值包括以下几个方面。

（1）定位：添加微信的第一刻就要让用户知道商家是做什么的，明确品牌定位。同时，让每个用户在添加微信的时候，使其感觉自己是商家官方的尊享 VIP 客户。

（2）发送邀请：添加好友之后，阿里猫机器人会自动发送群邀请的链接和自动回复。例如，"亲，您好，您是本店筛选出的尊享 VIP 客户哦，加入本店官方尊享 VIP 群，尊享 VIP 可以享受本店品牌的定期活动"。同时，要标明是什么品牌，并表明这是公司客服的微信号，可以解决售后问题，让用户感受到自身的尊贵。

（3）机器人免费提供 VIP 电影：各大网站的 VIP 电影在尊享 VIP 群里都免费提供。让用户没有这个网站的 VIP 会员在群里也可以看到 VIP 电影。

（4）智能点歌：用户想听什么歌的时候，直接在群里发送歌名，机器人会自动分享出来。让用户在群里可以享受到别人没有的服务。用户自然会爱上这个尊享群，就好像一个大家庭一样。这些全部是阿里猫可以自动实现的，并基本解决了人工的问题。

1. 变现——社群电商很厉害

运作活动也要看产品，如果是消耗品，那么 10 天运作一次活动比较合理；如果是中高端品牌，那么 20~25 天运作一次活动比较合理。品牌决定了商家的粉丝质量和长期稳定的收入。运作活动包括以下两个方面。

（1）提前两天开始预告，可以在群里预告和朋友圈预告，在朋友圈预告可以采用点赞方式，让大家都认真看这条朋友圈，不同的产品需要做不同的文案，并且文案需要吸引人，因为朋友圈中的用户都是老用户，黏性比较高。

（2）活动只做一天，过了这一天就没有活动了。同时，将优惠券分别发在不同的群中，刚开始时优惠券少发一些，需要让用户有紧迫感。这样以此类推，优惠券抢完不能再加，如果用户没有抢到优惠券就让用户等下一场活动，造成饥饿营销效果。活动时间要固定，并且活动不能太频繁。

2. 利用老客户——好处众多

如果是一家经营了很久的店铺，并且已经有几十万的老会员，那么可以开一场直播，专门直播店铺的产品。开直播之前在用户群里发直播的淘口令链接，这样可以引流更多的人进来观看。有必要时，可以让主播进行在线互动。

这种方法可以针对所有商家，特别是中小商家。中小商家可以不断积累用户，按照此方法执行基本没问题。店铺的用户都是老用户，可以增加复购率，而且用户的人群画像会非常精准，对产品搜索和排名都非常有利，有新品马上可以创造销量。同时，活动管理也很重要，因为有机器人代替了人工，但是也需要客服在群里进行管理。

8.4 创业活动——利用微信群进行海报裂变营销

8.4.1 创业故事——微信社群裂变营销的 33 个案例

通过分享 33 个裂变营销的案例，帮助学生理解裂变营销的操作方法。

1. 微信红包

微信红包是一个小团队花了两个星期做的一个 H5 式的页面，在春节前投放到了市场上。收了红包提现要绑定银行卡，由于礼尚往来，你发给朋友，朋友又发给你，微信红包就像长了腿一样疯狂奔走，就是这个小小的裂变营销，改变了后来的移动支付格局。

2. 拼多多

拼多多利用微信社交渠道进行裂变营销，仅仅3年时间，就吸引了超3亿用户量，赴美上市后，估值300亿美元左右。现在各种家庭群内，都会发现拼多多的拼团广告。

3. 趣头条

自己看新闻能赚钱，还能收徒赚钱，徒子徒孙的部分金币进贡给师傅。依靠这种方式，趣头条的各种链接也在大家的朋友圈传播。

4. 英语培训班

有个英语培训班生意一直不好，于是他们组织一个英语的话剧表演。找一个比较大的服务台，用比较好的音响，找到比较好的演出服装。要求所有的学员都要参加。基础不好的，说个一两句也可以。然后排练。排练好了之后就可以在朋友圈转发。然后演出需要收门票，要定个价，但是我们这边的小朋友可以免费邀请到10个同学和好朋友过来听。

下面的家长一看，小孩就是我们认识的，他们在上面表演那么好，为什么我们的小孩不能。可能就会想到去报个班，然而之前学的家长肯定也愿意拍照转发，从而低成本裂变。

5. 天籁之音

天籁之音案例的主人公是出于对音乐的爱好，每天发文章，告诉别人有哪些好音乐。做了两三个月之后，聚集了大量的粉丝，但不知道该怎么变现。后来就放了一些音乐方面的一些产品在上面，通过卖产品每年有一千多万营收。

6. 桂林酒店

这个酒店老板就是通过收购二十多个当地的一些旧的民房，外观不变进行加固，内部做成了五星级酒店的标准，收费为人民币1500元每晚。远远高于桂林当地的一些五星级酒店，但节假日基本上都是爆满，平常也达到了50%入住率，生意非常好。

他是怎么做到的？他的服务员的服务非常好，会告诉客户在哪个地方拍照效果最好，然后他们的老板也会经常在那边，客户可以找他聊聊天。有时候客户拍完照发朋友圈，很多朋友可能就会问你这是在什么地方啊？又是个非常好的宣传。

7. 水果店

有一家水果店开在商业园区内，专门卖给在园区上班的白领们。刚开始因为促销还行，但是随着美团外卖和天天果园电商的疯狂补贴促销，生意越来越差。然后他从卖水果改成卖水果拼盘，把水果切成拼盘，成本控制在2元多一点一份，只要园区的人加水果店微信并且支付5毛钱，凭付款记录就可来免费领一份水果。每人每天限领一份。仅仅7天时间，5000人的园区，有2000多人加了水果店的微信，来领了水果。

8. 驾校

目前很多驾校大部分的客源都来自老客户介绍，但是很少有驾校专门设计一个自愿介绍机制，所以服务好老客户和现有客户很重要。那么，驾校就可以建立一个关于新手的微信群，然后在群里专门分享这些新手感兴趣的内容，经过一段时间的分享，建立信任后，接着就可以建一个考驾照秘籍群，然后让他们发朋友圈帮助宣传，这样就实现了客户裂变。

9. 送外卖

去年的时候，一个朋友向我咨询，他在一个小城市做送餐业务，当时做到每天500单，无法突破。于是我就给提了一个建议，两个月后，他就增长到了每天1200单，达到了240%的增长。我告诉他的就是发动用户去裂变推广，具体操作很简单，订过餐的用户，只要推广两个新用户，立刻就享受一次免费快餐。对于送餐公司而言，不到10块钱就可以获得一个新用户，也是非常划算的，更重要的是这种方式会给自己带来很好的口碑。

10. 游泳培训

游泳培训这个行业是有季节性的，一般只有暑假这个时间是可以做的，这时候学生特别多。培训班可以做个广告，扫码即可免费获赠一套泳衣。泳衣可以在阿里巴巴批发，成本在 3 元左右。因为吸引的客户都是冲着免费游泳还送泳衣来的，那么我们告诉客户游泳需要缴纳 50 元的押金，然后等客户游泳完之后，对客户说，"这个泳池会持续两个月，如果你还想带孩子来玩的话，可以办一张卡，是 138 元。暑假两个月之内无限次来，如果按照次数来的话是每次 68 元，所以如果您办卡的话，只需补交 88 元即可"。之后还可以举行少儿游泳大赛，取得前三名的学生减免学费并且会赠送书包文具等大礼包。

11. 社区美容院

社区美容院一般进行活动促销时生意就会稍微好转，可是促销一停，生意又惨淡了。首先要做的是激活美容院的微信群，每天晚上 8 点在微信群里发红包抽奖，每天发 10 个红包，抢到最佳的赠送店里的礼品，一段时间后终于激活了一部分老顾客，中奖的顾客到店领奖，顾客领到奖后顺便让其发一次朋友圈，发完朋友圈后再赠送对方一个体验项目。

12. 小区蔬菜店

小区蔬菜店通过每天推出一款特价菜来吸引用户，这个产品主要是用来引流的，不挣钱，甚至赔钱都行。然后通过小区微信群推广，并且选个固定时间发特价菜的消息，让群里的业主都形成习惯。再建立客户微信社群，在微信群里教大家做菜，使小区微信群活跃起来。

13. 美甲店

首先建立美甲客户微信群，每天在微信客户群里发福利，比如每天晚上 8 点发 10 个红包，抢到最佳的，赠送一个美甲的项目，抢到其他的，可以赠送一次睫毛服务，限时 1 周或者三天来店里免费接受服务，这是为了让老客户回流。到店享受服务之后，让客户都分享一下朋友圈。

14. 二手房

国内很多房产中介卖房子还没搞清楚客户需求之前，就把看到的房子推介给客户，导致很多客户有些迷茫，并且房子卖完就再也不理顾客了。

但是国外中介不同，中介拿到一个房子，会进行综合的调查分析，然后根据房子特点，请装修公司相应地做出几种装修方案推荐给顾客。最后顾客可能把房子买了，还找到中介顺便把房子也装修了。

15. 公众号裂变

新用户看到活动→生成专属的任务海报→分享朋友圈/微信群→其他新用户看到海报→关注公众号→新用户完成任务，公众号自动弹出任务领取链接。如此往复产生裂变。

16. 公众号积分裂变

新用户 A 看到活动→生成专属的积分海报→分享朋友圈/微信群→新用户 B 看到积分海报→关注公众号→A 完成任务，获得推广积分，B 获得关注积分→邀请粉丝越多，积分越多→积分商城兑换奖品。

17. 渠道推广裂变

新用户 A 看到活动/海报→生成专属的推广海报/链接→分享朋友圈/微信群→新用户 B 看到海报→购买参与推广的商品→A 完成推广，获得推广佣金→推广越多佣金越多。

B 发现商机后，也可获取海报或者申请成为下级推广员→自己再次推广→新用户 C 看到海报→购买参与推广的商品→B 完成推广，获得推广佣金，上级 A 也可获得奖励→推广越多佣金越多。如此往复产生裂变。

18. 扫码投票裂变

新用户看到活动→直接报名参与→朋友圈/微信群拉票→其他新用户关注公众号完成投票→也可自己参与活动。如此往复产生裂变。

19. 群裂变

新用户A看到优质群海报→关注公众号→从菜单栏/自动回复打开链接→进对应群→群内小助手提示A转发"海报+截图"→A分享朋友圈→发截图到群内→群内小助手验证通过，A可留在优质群。人数达上限自动更换二维码。

20. 自动进群裂变

生成引流群海报→分享朋友圈/微信群→新用户看到海报→扫码申请入群→群内小管家快速拉人入群，当拉人助手邀请人数达到100人时，自动更换二维码。

21. 连咖啡

某商品，售价100元，参加了邀5人享30元活动。用户A看到商品时，有2个按钮：30元和100元，A选择支付30元，24小时内A需要邀请4个好友，且各自都支付30元，即成功拼团，否则超过24小时，拼团失败退款30元。

22. 小灯塔

某商品，售价100元，参加了邀50人享免费活动。用户看到商品时，有2个按钮：邀50人和100元，他选择邀请50人，24小时内他需要邀请50个好友加入，即成功拼团，免费获得商品，否则超过24小时，拼团失败。

23. 网易严选

某商品，售价100元，参加了邀好友享折扣活动。用户看到商品时，有2个按钮：邀好友打折和100元，他选择邀3位好友打7折，用户支付折后价70元，24小时内用户需要邀请2个，且都支付70元。即成功拼团，否则超过24小时，拼团失败退款70元。

24. 蘑菇街

蘑菇街通过拼团的方式，轻松获取了300万新用户，其中有7成是通过拼团机制吸引来的。

25. 小橙拼团

小橙拼团通过"爆汁拼团+分销裂变"，一上线即被大家广泛关注。

26. 母婴用品店

回收旧婴儿车等婴儿用品折现金换物，然后把旧婴儿用品，清洗消毒，在客户微信群里免费赠送，让客户来线下领取，实现再次引流。

27. 商店

客户提出好的建议送礼品一份，同时还送价值500元的储值卡一张，每次消费100元可减20元，实际上就是一张长期的8折卡。

这个策略可以在客户微信群里和客户进行互动，发起一个提建议的活动，经过审核，赠送建议被采纳的好友。

28. 奶粉店

在本店购买的奶粉吃完后，退回空罐返10元现金，只限本店会员，或者换取奶粉抵扣券50元。这个策略非常有效并且非常厉害，因为一般奶粉喝完之后，奶粉罐通常都丢掉了，这个策略使得本来废弃的奶粉罐有了价值，对于商家来说，实际上是变相的打折而已，但是给用户的感觉是商家给自己的福利优惠。

除了这个奶粉罐之外，诸如尿不湿的包装袋、辅食的包装盒，只要是在店里购买的，吃完之后，都可以凭着包装袋来店里领取优惠券。

29. 淘宝

好评返红包，但是对于很多人来说，根本不在乎那一两元的红包，于是改进了一下。与其每个人都只能获得一点点好处，还不如一下子给个诱惑力十足的奖励，所有人都有资格获取这个奖励，就是要求朋友圈晒好评，有点像卖产品抽奖的感觉，但是这里是晒单抽奖。

30. 母亲节

在母亲节，商家可以搞一个这样的活动。在母亲节当天写下感恩父母或者妻子的话，然后配上一张自己和父母、妻子的合影照片，发朋友圈点赞数超过 38 个，赠送礼物。

也可以截图分享在母亲节当天自己和母亲的通话感受，配上图，分享朋友圈，点赞数超过 38，赠送补水保湿面膜一盒。

31. 服装店

服装店当场拆开衣服让大家看内里的东西。卖点为眼见为实，口碑相传，邀请顾客参与互动。如果商家有客户微信群，那么在群里引导大家参与讨论，例如做培训的人员，那么可以在微信群里邀请大家分享昨天的课程内容，用 30 个字写出自己的感受，第一个写出来的奖励红包 38 元，通过这样的方式和大家互动。

32. 春节礼品促销

春节快过年的时候，当其他商家在卖春联的时候，你反其道而行之，把其他商家的利润产品变成自己的引流产品，进店即可免费领取春联，前提是要先添加微信，转发朋友圈。

33. 开业庆典

以前实体店商家开业，都是开业之后才利用礼品福利引流，但是现在有了微信，开业之前，商家就可以利用周边小区业主群、商家群，在群里搞一个广告语征集的活动，被征集录用的广告语，商家奖励 888 元。这样通过让周边居民参与互动的方式，就把开业信息传播出去了，然后在开业当天搞个超级优惠的活动，就可以了。

8.4.2 技术引进——微信社群裂变营销

1. 微信公众号（公众号是企业精准网络推广营销的核心方式之一）

通过公众号，企业可以把自己的产品、活动还有文化传播给用户，用户再通过朋友圈告诉他的朋友，就形成了一个巨大的企业粉丝圈。

而且开通公众号几乎没什么成本，这对于刚涉足互联网的传统行业来说，基本没什么压力，却开辟了很好的推广渠道。参考建议如下：

（1）现在公众号打开率比较低，一定要输出高质量的内容，才能吸引用户并且提升用户黏性，并能吸引用户转发；

（2）因为现在公众号特别多，企业在输出高质量内容的同时别人也在输出，所以要重视发文频率，否则粉丝容易理解成僵尸号，掉粉特别厉害，甚至忘记。

（3）做公众号不要只顾销售，没有营销，没有铺垫，一上来就发产品介绍卖东西，用户会很反感。

（4）要有互联网思维，企业公众号粉丝不到 200 的情况下，最好不要发产品广告，要先达到一定的粉丝量才会显现出价值来。

2. 社群营销

社群营销就是基于相同或相似的兴趣爱好，通过某种载体聚集人气，通过产品或服务满足群体需求而产生的商业形态。社群营销的载体不局限于微信，各种平台都可以做社群营销。论坛、微博、QQ 群以及线下的社区，都可以做社群营销。

做社群营销的关键是有一个"意见领袖",也就是某一领域的专家或者权威,这样比较容易树立信任感和传递价值。通过社群营销可以提供实体的产品满足社群成员的需求,也可以提供某种服务。参考建议如下:

(1)社群营销一定要有某一主题的优质内容输出,能满足成员的某种价值需求,又能给运营人带来一定回报,才能形成良好循环。

(2)社群营销最核心的莫过于"意见领袖",也就是活跃的灵魂人物。他可能兼任思考者、组织者多重身份。如果一个群有两三个这样的"意见领袖",能激活其他成员,且能碰撞出很多有深度的内容火花。

(3)有一套行之有效的管理规则,也就是群规,进群前群主都会发一个群里的规矩。社群的最高境界是全民自治,这建立在高度磨合、默契之上。

3. 小程序

很多传统行业做互联网会先用小程序做试水,毕竟小程序是最贴近营销型工具又简单轻便的一种,随身带个手机就能和客户沟通。

小程序是缩小版的App,但是却不像App一样占内存,自动适配所有手机,在使用上更简单、轻便,用完就走是小程序最讨喜的地方。

小程序一样可以上传产品介绍、价格等信息,客户可以直接在上面询盘、下单。自带微客服功能,客户可以直接和小程序管理员沟通。

微信小程序,基于微信近10亿用户、1200万微信公众号,在微信生态形成完美闭环。大家已经习惯每日打开微信进行自己一天的工作与生活,而随着用户习惯的变更,微信端的开发逐渐取代PC端。而微信小程序的出现,正好满足了用户的这一需求。参考建议如下:

(1)微信本身是社交网络平台,小程序虽是里面独立的轻应用,但它自身带流量,自带社交关系,因此微信的社交网络红利小程序也可以借此为企业所利用;

(2)微信小程序比较适合的行业有生活工具类、简易电商类和本地O2O类;

(3)随着微信对于小程序的大力扶持,各种功能的不断增加,使得小程序在各个行业都展示出了强大的影响力,将会为各个行业带来一次巨大的商业机会。

课堂练习 思考适合自己店铺的裂变营销方式

根据前面所学内容,学生为自己的店铺选择一种裂变营销的方式并简单阐述营销方案。

8.4.3 任务实施——利用微信群进行海报裂变营销

1. 活动内容
学生根据前面所学内容,利用微信群进行海报裂变营销。

2. 活动要求
(1)采用"裂变海报"的方式营销;
(2)设计产品海报并添加二维码,发送到朋友圈中。

3. 活动评价
(1)海报设计美观,主题明确;
(2)二维码清晰准确,链接准确;
(3)是否发送到朋友圈中。

8.4.4 举一反三——使用社群裂变营销推广

尝试通过公众号、朋友圈和微信群等渠道为自己的店铺完成社群裂变营销,吸引粉丝加入社群并完成营销推广。

8.5 本章小结

本章着重介绍了用户裂变营销的相关知识,针对 App 裂变包括拉新奖励、裂变红包、IP 裂变、储值裂变、个体福利裂变和团购裂变;微信裂变包括分销裂变、众筹裂变微信、微信卡券和微信礼品卡;线下裂变包括包装裂变、O2O 积分或现金红包、社交裂变以及用户池的建立和维护展开讲解。同时,设计制作了相应的任务,针对创业活动利用微信群进行海报裂变营销,可以使学生充分理解并掌握用户裂变营销的相关知识。

8.6 课后习题

完成本章内容学习后,接下来通过几道课后习题测试学生的学习效果,同时加深其对所学知识的理解。

8.6.1 选择题

1. App 推广运营的 AARRR 模式的第一步是( )。
   A. 收入获取变现　　　B. 提高留存率　　　C. 提高活跃度　　　D. 获取用户
2. 下列选项中,不属于 App 裂变的是( )。
   A. 拉新奖励　　　　　B. IP 裂变　　　　　C. 分销裂变　　　　D. 团购裂变
3. 下列选项中,属于微信裂变的是( )。
   A. 储值裂变　　　　　B. 个体福利裂变　　　C. 分销裂变　　　　D. 众筹裂变
4. 下列选项中,属于线下裂变的是( )。
   A. 个体福利裂变　　　B. 包装裂变　　　　　C. O2O 积分　　　　D. 现金红包
5. 下列选项中,拼多多的正确成功拼团流程是( )。
   A. 团长开团并成功支付→分享至微信→等待发货→团员参加→收货
   B. 团长开团并成功支付→分享至微信→团员参加→等待发货→收货
   C. 团员参加→分享至微信→团长开团并成功支付→等待发货→收货
   D. 团员参加→团长开团并成功支付→分享至微信→等待发货→收货

8.6.2 填空题

1. App 推广运营的 AARRR 模式分别为获取用户、提高活跃度、_____、_____、和_____。
2. 朋友圈助手阿里猫 App 的功能比较多,主要用来维护管理优质群。阿里猫的出发点是_____。

3. 从建立用户池的那一天起，运营和维护的基础是商家需要持续给用户池里的用户_____。

4. 在一个圈子中，用户拥有更强的信任和影响，背后则是更强的转化和更高的活跃留存，这个小圈子就是_____。

8.6.3 创新实操——朋友圈视频号推广引流

参考表 8-3 所示微信视频号作品上传规则，为自己的店铺开通微信视频号并拍摄第一个营销视频。通过朋友圈推广，完成为视频号引流的操作。

表 8-3 微信视频号作品上传规则

视频内容	尺 寸		时 长	大 小	
	1080px×1230px（竖屏） 1080px×607.5px（横屏）		1 分钟内	不超过 30MB	
图片内容	尺 寸		数 量	大 小	文 案
	1080px×1230px（竖屏） 1080px×607.5px（横屏）		9 张以内 单图显示	不超过 5MB	可以超过 140 字，超过 3 个非空白行会折叠
发布规则	① 视频发布时可添加 # 话题标签 #，点击标签即可进入话题页，类似微博话题 ② 视频号发布时支持添加地理位置和公众号文章链接 ③ 视频号每天的发布条数不受限制				

第 9 章　电商运营数据管理

随着电子商务行业的日益成熟，越来越多的人入驻网络平台开启创业。很多店主虽然成功开店，但店铺经营情况并不理想，导致店铺出现经营不善的情况，造成这种情况的原因有很多，其中很重要的一个因素就是忽视了店铺数据的分析与管理。本章将介绍电商运营的思维方式、电商数据指标的概念和分析运营数据指标的相关知识，帮助学生从实践的角度理解电商运营数据管理的方法和技巧。

9.1　电商数据分析概述

收集并分析数据是运营店铺的一个重要环节，因为数据直接反映了店铺的真实经营状态。很多卖家知道自己的店铺有问题，却不懂如何分析问题，更别说解决问题。分析数据对网店经营至关重要，它能够将繁杂的事实转化为清晰可见的数据，让非专业人士也能够清楚地理解。

9.1.1　电商数据分析的常用指标

电商数据分析的常用指标较多，可按照功能划分为基础统计类、销售分析类、直通车数据类和来源分析类。

1. 基础统计类指标

电商数据分析基础统计类指标包括用户、产品和店铺等多个维度，共 17 种，如图 9-1 所示。

（1）浏览量：店铺各页面被查看的次数。用户多次打开或刷新同一个页面，该指标值累加。

（2）访客数：全店各页面的访问人数。所选时间段内，同一访客多次访问会进行去重计。

（3）收藏量：用户访问店铺页面过程中，添加收藏的总次数（包括首页、分类页和产品页的收藏次数）。

（4）浏览回头客：指前 6 天内访问过店铺当日又来访问的用户数，所选时间段内会进行去重计算。

（5）浏览回头率：浏览回头客占店铺总访客数的百分比。

（6）平均访问深度：访问深度是指用户一次连续访问的店铺页面数（即每次会话浏览的页面数），平均访问深度即用户平均每次连续访问浏览的店铺页面数。

（7）跳失率：表示买家通过相应入口进入，只访问了一个页面就离开的访问次数占该入口总访问次数的比例。

（8）人均店内停留时间：所有访客的访问过程中，平均每次连续访问店铺的停留时间，通常以秒为单位进行计算。

（9）产品页浏览量：店铺产品页面被查看的次数，用户每打开或刷新一个产品页面，该指标就会增加。

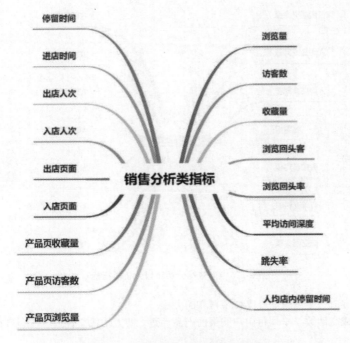

图 9-1 电商数据分析基础统计类指标

（10）产品页访客数：店铺产品页面的访问人数。所选时间段内，同一访客多次访问会进行去重计算。

（11）产品页收藏量：用户访问产品页面添加收藏的总次数。

（12）入店页面：单个用户每次浏览店铺时查看的第一个页面为入店页面。

（13）出店页面：单个用户每次浏览店铺时所查看的最后一个页面为出店页面。

（14）入店人次：从该页面进入店铺的人次。

（15）出店人次：从该页面离开店铺的人次。

（16）进店时间：用户打开该页面的时间点，如果用户刷新页面，也会记录下来。

（17）停留时间：用户打开本店最后一个页面的时间点减去打开本店第一个页面的时间点。

2. 销售分析类指标

销售分析类指标主要围绕产品成交与否，买家消费行为等内容进行分析，共有 14 种，如图 9-2 所示。

（1）拍下件数：产品被拍下的总件数。

（2）拍下笔数：产品被拍下的总次数（一次拍下多件产品，算拍下一笔）。

（3）拍下总金额：产品被拍下的总金额。

（4）成交用户数：成功拍下并完成支付宝付款的人数。所选时间段内同一用户发生多笔成交会进行去重计算。

（5）成交回头客：曾在店铺发生过交易，再次发生交易的用户称为成交回头客。所选时间段内会进行去重计算。

（6）支付宝成交件数：通过支付宝付款的产品总件数。

（7）支付宝成交笔数：通过支付宝付款的交易总次数（一次交易多件产品，算成交一笔）。

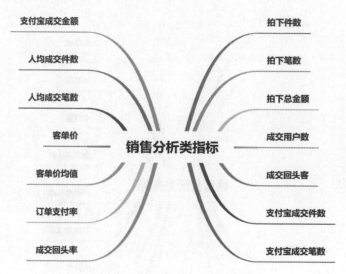

图 9-2 电商数据分析销售分析类指标

（8）支付宝成交金额：通过支付宝付款的金额。

（9）人均成交件数：平均每用户购买的产品件数，即人均成交件数 = 支付宝成交件数 / 成交用户数。

（10）人均成交笔数：平均每用户购买的交易次数，即人均成交笔数 = 支付宝成交笔数 / 成交用户数。

（11）客单价：客单价 = 支付宝成交金额 / 成交用户数。单日"客单价"指单日每成交用户产生的成交金额。

（12）客单价均值：所选择的某个时间段，客单价日数据的平均值。

（13）订单支付率：某段时间内支付宝成交人数占订单人数的比率。订单支付率计算公式为：订单支付率 = 支付宝成交人数 / 支付宝订单人数。

（14）成交回头率：成交回头客占成交用户数的百分比。即成交回头率 = 成交回头客 / 成交用户数。

3. 直通车数据类指标

直通车作为淘宝店铺推广最重要的工具之一，包括 6 个指标类型，如图 9-3 所示。

图 9-3 电商数据分析直通车数据类指标

（1）展现量：推广宝贝在淘宝直通车展示位上被买家看到的次数，不包括自然搜索。

（2）点击量：推广宝贝在淘宝直通车展示位上被点击的次数。

(3)点击率:推广宝贝展现后的被点击比率。点击率 = 点击量 / 展现量。
(4)花费:推广宝贝被点击所花费用。
(5)平均点击花费:推广宝贝每次被点击所花的平均费用。平均点击花费 = 花费 / 点击量。
(6)平均展现排名:推广宝贝每次被展现的平均排名。平均展现排名 = 每次展现排名的加总 / 展现量。

9.1.2 电商数据分析的步骤

电商数据分析包括确定想要的结果并描述,搜集数据、诊断问题,数据展示与分析和撰写报告并推动落实四个步骤,如图 9-4 所示。

图 9-4 电商数据分析的步骤

1. 确定想要的结果并描述

很多人都觉得通过电商数据分析运营店铺很困难,即使掌握了一大堆的工具和软件,但当打开各种数据图表时,又会觉得无从下手。造成这种情况的原因大多是店主对自己店铺的运营情况并不了解。因此,在做任何决策之前,首先要充分了解店铺的目前的状况,这是店主的必备能力。在进行数据分析时,首先要想清楚,想要分析的是什么数据,想要达到一个什么样的结果。这是数据分析的第一步。

例如,活动页面的浏览转化率、产品详情页的购买转化率和广告的点击率等,结合营收和支出账单,可以有效掌握网店当前的经营情况。

2. 搜集数据、诊断问题

电商数据有很多,我们通常只采集有用的数据并对数据进行处理。一些无关紧要的信息可以忽略不计。获取了店铺数据信息后,接下来就可以开始分析出现这种现象的原因,通过评估数据,准确地找到店铺的弱点。

3. 数据展示与分析

这一步骤要求我们能够通过基础数据分析预测店铺在目前情况下继续运营将会发生什么?数据展示与分析是四个步骤中最重要的,把采集到的数据处理完之后需要通过这些数据得出有价值的、有实际意义的结论,这才是做数据分析的真正目的。而要得出这些有价值的信息就要把数据直观地展示并加以分析。

根据当前店铺存在的弱点预测一下:如果这种行为得不到改正,将来会发生什么,并且为这种可能性预估一个可量化的阈值。

4. 撰写报告并推动落实

这一步可以概括为:"我们需要做什么?"

撰写报告是要把分析的数据总结和呈现出来。很多的时候,可以使用思维导图工具进行撰写。需要注意的是,单纯只是一份报告呈现结果是没什么用的,好的分析报告一定要有建立和解决问题的方案,而这些方案必须推动落实,否则就只是写给人看看了。整个数据分析的过程和报告就没有真正发挥它的作用。

这就是为什么在撰写报告的时候要以实用为主,因为真正目的在于解决问题、在于真正地利用数据帮助决策和进行优化。所以需要根据已有的资料,对网店的经营策略作出调整。这是数据分析的最后一步,也是最终目的。

9.2 电商数据分析工具

"流量贵、获取难"一直是电子商务的"困局"。因此电商大数据应运而生,且越来越被重视和应用。很多店主都意识到要通过电商平台的大盘数据、竞品的产品数据分析来辅助自身的新品策略、定价策略、市场运营决策。电商数据分析常用工具包括淘数据、ECdataway 数据威、生意参谋、量子恒道和一些电商插件工具。

9.2.1 淘数据

淘数据是一个专门为淘宝卖家提供数据查询、数据分析的平台,拥有全面的数据分析体系,为电商卖家提供个性化数据定制服务,以及直通车选词、店铺诊断、产品排名等工具,是卖家运营决策重要的数据参谋。图 9-5 所示为淘数据的首页。

图 9-5 淘数据的首页

淘数据原来叫卖(麦)家网,原先主要提供淘系数据,包含天猫和淘宝的近 13 个月行业销售数据、品牌销售数据、热销产品数据、价格分布数据、站内推广数据、热搜词数据等,基本满足日常调研的几个维度。

使用淘数据,需要按照套餐付费,基本上常年合作的老买家,1~2 万元/年可以使用基础的行业数据销售数据等。目前,淘数据只能看到淘宝、天猫、抖音、快手四个平台的数据。图 9-6 所示为淘数据的应用场景,包括淘数据、跨境数据和 API 定制等。

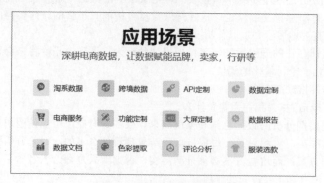

图 9-6 淘数据的应用场景

淘数据平台包括但不限于以下功能。

1. 高效选品

淘数据为选品提供一站式服务，用更精准的数据分析结果来减少产品搜索时间。通过淘数据细分到产品的数据，卖家可以追踪您感兴趣的产品，分析价格、占有率、属性、平台推广、生命周期等众多指标，并可以查看每日详情数据。

2. 爆款分析

淘数据通过对爆款产品成长周期的分析，挖掘爆款产品共性，帮助卖家开发专属爆款产品。

3. 了解竞争对手

淘数据提供了解竞争对手销售数据的功能，便于店主及时调整营销方案。

4. 数据每日更新

淘数据会每日更新产品销售数据，便于店主及时感知市场对产品的销售表现。

5. 行业销售数据

淘数据分析全网行业规模，便于卖家实时掌握市场行情，了解行业走势。通过淘数据产品，卖家可以在全球范围内进行电商行业研究，了解市场规模。淘数据汇聚了超过 5 万份细分行业的商业统计数据，提供了准确的数据分析结果，让卖家轻易获取需要的信息。

6. 全球区域销售数据

淘数据提供跨境平台在全球不同区域产品的销售数据，便于卖家明确市场与产品定位。

图 9-7 所示为淘数据的功能矩阵，通过驾驭复杂烦琐的数据让策略定制过程变得简单。

图 9-7 淘数据的功能矩阵

9.2.2 ECdataway 数据威

ECdataway 数据威可以使用国内电商平台淘系、京东的行业数据，境外 Lazada 等平台的行业数据，以及各类直播电商数据等。相对淘数据来说，平台更多一些，但是价格比较贵，一般是按照行业下类目来销售的。如果你有需求，可以致电对方的客服至咨询报价。

ECdataway 数据威旗下情报通是最早的电商分析产品之一，也是品牌商、经销商、研究机构的电商运营必备工具之一。ECdataway 数据威自 2008 年开始，通过抓取和分析电商信息和数据，为各类从事电商的买家提供全面的市场信息和数据分析，帮助各层次电商主及大品牌方作出正确的商务决策。

目前，可以看到的电商平台有天猫、淘宝、京东、苏宁、国美、考拉、聚美、唯品会。

图 9-8 所示为 ECdataway 数据威的主界面。

ECdataway 数据威包含以下功能，如表 9-1 所示。

图 9-8　ECdataway 数据威的主界面

表 9-1　ECdataway 数据威功能汇总表

功　　能	内　　容
市场洞察	针对不同的市场分别察看细分市场的发展状况
竞争分析	分析每一个竞争品牌的市场动向
渠道掌控	实时掌控渠道的变化，牢牢控制渠道
产品研究	研究具体产品的成长情况及市场变化

9.2.3　生意参谋

生意参谋诞生于 2011 年，最早是应用在阿里巴巴 B2B 市场的数据工具。2014 年至 2015 年，在原有规划基础上，生意参谋分别整合量子恒道、数据魔方，最终升级成为阿里巴巴店主端统一数据产品平台。

生意参谋基于全渠道数据融合、全链路数据产品集成，为店主提供数据披露、分析、诊断、建议、优化、预测等一站式数据产品服务。目前，服务的店主已经超过 2000 万，月服务店主超过 600 万；在月成交额 30 万元以上的店主中，逾 90% 在使用生意参谋。

图 9-9 所示为生意参谋的登录界面。

图 9-9　生意参谋的登录界面

9.2.4 量子恒道

量子恒道是淘宝官方的数据产品，秉承数据让生意更简单的使命，致力于为各个电商、淘宝卖家提供精准实时的数据统计、多维的数据分析、权威的数据解决方案，是每个淘宝卖家必备的店铺运营工具。

量子恒道为店铺提供各类数据分析，包括流量分析、销售分析、买家分析及推广效果，也可以付费购买来源分析和装修分析。从小时到天到周到月，从店铺首页到产品页到分类页，记录店铺的流量、销售、转化、推广及装修效果数据，帮助并指导卖家经营，提升销量。

1. 量子恒道网站统计

量子恒道网站统计是一套免费的网站流量统计分析系统，致力于为所有个人站长、个人博主、所有网站管理者、第三方统计等用户提供网站流量监控、统计、分析等专业服务。

量子统计通过对大量数据进行统计分析，深度分析搜索引擎规律、发现用户访问网站的规律，并结合网络营销策略，提供运营、广告投放、推广等决策依据。

2. 量子恒道店铺统计

量子恒道店铺统计是为淘宝旺铺量身打造的专业店铺数据统计系统。深度植入淘宝后台，通过统计访问使用者店铺的用户行为和特点，帮助使用者更好地了解用户喜好，为店铺推广和产品展示提供充分的数据依据。

9.2.5 京东商智

京东商智是京东向第三方店主提供数据服务的产品。从 PC、App、微信、手机 QQ、M（M 渠道指用户不通过京东 App 进入京东商城，而是通过网页搜索直接进入）五大渠道，展示实时与历史两个视角下，店铺与行业两个范畴内的流量、销量、买家、产品等全维度的电商数据，并提供购物车营销、精准买家营销等工具，基于数据，帮助店主提升店铺销售。京东商智为店主提供专业、精准的店铺运营分析数据，帮助店主提升店铺运营效率、降低运营成本，是商户"精准营销、数据掘金"的强大工具。

图 9-10 所示为京东商智以及旗下的智能诊断模型。

图 9-10 京东商智以及旗下的智能诊断模型

9.2.6 电商插件工具

插件工具可以看到产品搜索排名、价格趋势、推广数据，可以下载产品清晰主图、详情页和评论内容，最重要的是可以转换生意参谋或者京东商智的指数。这个工具对于需要获得具体销售的同学非常有帮助。使用时，直接在官网下载安装即可在浏览器工具栏显示，当你在 PC 端打开一款产品页面时，就会自动显示可以使用的功能了。

常用的网页浏览器插件有店查查网和店透视网。

1. 店查查网

店查查网，也称店查查官方 App 下载网、店查查官网下载网、店查查手机官方下载安装网和店查查官网。店查查官网隶属于厦门宝数网络科技有限公司，是一家专注于电子商务大数据领域的软件服务型企业网站平台。店查查官网为用户提供直通车指数、产品排名查询、淘宝标题优化、TOP20 万关键词、店铺月销售估算、千人千面查询、违禁词排查等服务。图 9-11 所示为店查查网的首页。

图 9-11　店查查网的首页

2. 店透视网

店透视网，也称店透视淘宝查号、店透视查降权号和店透视查号免费。店透视官网隶属于杭州灰豚科技有限公司，是一个在线淘宝店铺数据分析，可以查看店铺七天透视、揭秘竞品引流关键词、摸清直通车好词、搜索引流词，拓展自身流量，知己知彼，打造店铺爆款的运营网站平台。店透视官网拥有生意参谋指数还原、直通车工具、产品详情页工具、店铺上新监控、库存进出量实时销量监控、查排名、买家、标签透视、礼品代发、灰豚数据十大运营数据，为用户提供产品动态监控、订单批量插旗、成绩推荐工具、标题优化、爆款分析、货源分析、淘客检测、产品实时查排名、黑号透视等服务。

图 9-12 所示为店透视的主界面。

图 9-12　店透视的主界面

9.3 店铺交易数据分析

电商平台店铺的交易金额就是访客数、转化率和客单价的乘积。其中，转化率是衡量店铺能否吸引访客购买的一个指标，提高转化率就能提高销售业绩。因此，做好电商平台店铺运营与销售数据分析至关重要。

淘数据中的"店铺销售分析"和"店铺预售分析"功能版块可以显示店铺的各项交易数据，能够清楚显示店铺的运营情况和出现的问题。

我们以某国产运动品牌淘宝店为例，在淘数据中对该店铺名字进行检索，查看其店铺的交易数据，如图9-13所示。

图9-13　某国产运动品牌淘宝店的基础数据

首先可以看到店铺近30天的概况，包括平均退款速度、退款自主完结率、退款纠纷率、近30天销售额、近30天销量、平均成交价、平均日销售额和平均日销售量等交易信息，用于综合了解店铺的交易情况，如图9-14所示。

最近30天店铺概况					
平均退款速度	1.95天	退款自主完结率	99.94%	退款纠纷率	0.0000%
近30天销售额	8760.44万元	近30天销量	480297件	平均成交价	182.40元
平均日销售额	292.01万元	平均日销量	16010件		

图9-14　某国产运动品牌淘宝店的基础交易数据

进一步可以查看该店铺的销售量与销售额折线图，可以按日或月为单位进行查看，如图9-15所示。

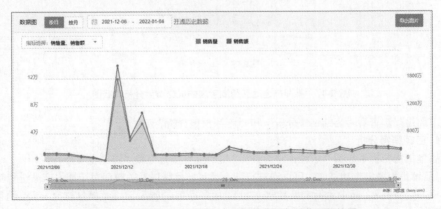

图9-15　某国产运动品牌淘宝店的销售量与销售额折线图

在此基础上，淘数据还提供店铺的具体交易信息，包括交易日期、销量、销售额、产品数、收藏数、上新数、粉丝数、动销率和推广营销等内容，用于辅助评估相关因素对于店铺交易金额的影响，如图9-16所示。

日期	销量	销售额	商品数	收藏数	上新数	粉丝数	动销率	营销推广	操作
2022-01-04	14801	¥2511895.90	458	14093431	0		76.72%		查看详情
2022-01-03	16640	¥2900733.79	533	14090340	0	1304万	89.28%	聚 冰	查看详情
2022-01-02	17041	¥2963203.78	533	14080833	3	1304万	89.28%	聚 冰	查看详情
2022-01-01	17576	¥3122169.04	551	14069899	0	1304万	92.29%	聚 冰	查看详情
2021-12-31	12432	¥2236618.22	524	14054069	1	1304万	87.77%	聚 冰	查看详情
2021-12-30	15610	¥2773833.91	547	14049516	4	1304万	91.62%	聚 冰	查看详情

图9-16　某国产运动品牌淘宝店的具体交易信息

除此之外，淘数据还提供店铺的成交类目分析、成交品牌分析、最近30天各价格范围宝贝数量比例和最近30天各价格范围宝贝销量比例等交易信息。图9-17所示为某国产运动品牌淘宝店的成交类目分析饼状图。

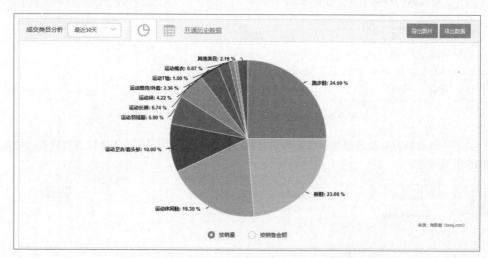

图9-17　某国产运动品牌淘宝店的成交类目分析饼状图

下面进一步查看"店铺销售分析"和"店铺预售分析"。

1. 店铺销售分析

店铺销售分析中包括"店铺销售明细""热销宝贝排行"和"滞销宝贝排行"。

"店铺销售明细"功能中，可以通过日期、类目、品牌以及关键词对店铺内产品进行筛选，查看相关交易信息，其中包括宝贝名称、类目、所属品牌、价格、销量、销量较上一天、销售额、销售额较上一天等相关信息，如图9-18所示。

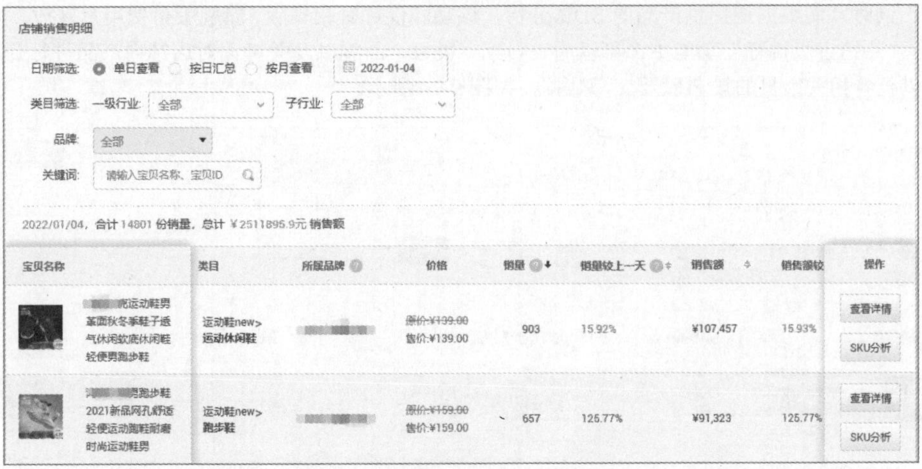

图 9-18　某国产运动品牌淘宝店的“店铺销售明细”界面

以该店铺内某产品为例，点击“查看详情”，可以看到该产品的销售量和销售额等数据以及相关数据报表，如图 9-19 所示。

数据报表　2021-12-06 - 2022-01-04

2021-12-06 至 2022-01-04，合计26999份销量，总计¥3297895.56元销售额

日期	销售额	销量	客单价	收藏数	评价数	营销推广
2022-01-04	¥107457	903	¥119.00	506364	74773	
2022-01-03	¥127824.23	1074	¥119.02	506364	74773	
2022-01-02	¥101983	857	¥119.00	506229	74711	
2022-01-01	¥113407	953	¥119.00	506069	74675	
2021-12-31	¥86138.18	722	¥119.30	505732	74645	
2021-12-30	¥97580	820	¥119.00	505732	74639	
2021-12-29	¥63427	533	¥119.00	506618	74604	
2021-12-28	¥71472.62	600	¥119.12	505494	74590	
2021-12-27	¥74330.25	621	¥119.69	505358	74594	
2021-12-26	¥75327	633	¥119.00	505210	74694	

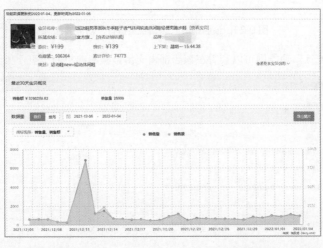

图 9-19　该店铺内某产品的“查看详情”界面

同时，淘数据还提供产品的 SDR 分析，该功能仅针对豪华版／旗舰版付费用户开放。

"热销宝贝排行"功能中，可以通过日期、类目、品牌以及关键词对店铺内产品进行筛选，可以查看相关宝贝的排名以及交易数据，如图 9-20 所示。

图 9-20　该店铺的"热销宝贝排行"功能界面

"滞销宝贝排行"功能则可以查看在该店铺内交易金额不理想的宝贝，如图 9-21 所示。

图 9-21　该店铺的"滞销宝贝排行"功能界面

2. 店铺预售分析

店铺预售分析功能包括店铺预售明细和店铺宝贝预售明细两个方面，该功能仅针对豪华版／旗舰版付费用户开放。

9.4 店铺运营数据分析

店铺运营中一切的问题和销量提升都是有章可循的,而这些规律和问题都可以通过各种店铺运营中的数据分析而得出结论。然而数据的分析和总结却是错综复杂的,是一个庞大的数据库的计算和系统的呈现,也许我们不能窥知全部,但是了解一些其中比较容易掌握的规律,跟随正确的趋势方向来优化店铺,可以有效地增加和提升店铺的权重和排名。

接下来针对店铺运营的重要数据、订单漏斗模型和影响转化的因素三个电商店铺运营数据进行讲解。

9.4.1 店铺运营的重要数据

反映店铺运营情况的重要数据有很多,这里重点介绍点击率、收藏率、加购率和转化率。

(1) 点击率。

点击率是衡量产品引流能力的数据,其计算公式为:点击率=(点击量/展现量)×100%。要想提高点击率,就需要提高点击量。

产品的标题、单价和主图等都能影响点击量。以标题为例,当产品标题中没有包含有效关键词,消费者无法通过关键词搜索到该产品,产品没有展示机会,当然也不会有点击量。因此标题设计是否合理,直接影响着产品的点击量。

除此之外,若要判断点击率是否正常。这主要取决于行业的均值,也就是电商平台上千千万万的卖家,他们的点击率的平均数值是多少。可以使用平台的点击率平均数值做大致的参考,因为只有这样才能判断出你的产品的点击率是否正常,是否有人为的刷点击或者使用软件刷点击。比如,某行业点击率均值为3%,若你的点击率是2%~10%,则是正常的。若点击率在40%~50%,远远超过同行的平均值,平台会认为你的点击率是异常的,稽查系统就会重点关注你。如果发现你没有使用任何的人为干预操作,是正常的点击,那么平台会让你的产品让更多的人看见,也就是说会提升你的排名。如果观察了一段时间,发现你存在人为干预的情况,那么平台就会给你降权,不再会给你流量。所以说点击率是否正常,一定要参考一下行业的平均值。

(2) 收藏率和加购率。

收藏率是指收藏人数与访客数之比。加购率是指加购人数与访客数之比。产品的收藏率和加购率越高,说明该产品的意向消费者越多,促成成交的概率也越大。一般来说,消费者收藏某件产品或将某产品加入购物车的原因,是其已经对产品产生了购买兴趣,但出于某些原因的考虑还未下决心购买。与直接点击查看产品的流量相比,收藏加购的流量更有可能形成转化。对于店主而言,收藏率和加购率比较高的产品,应该充分发挥其转化优势,适当通过调整价格、赠送礼品、打折优惠等方式刺激收藏、加购,提高消费者的购买意愿,促使其下单购买,实现流量的转化。

(3) 转化率。

转化率就是所有到达店铺并产生购买行为的人数和所有到达店铺的人数的比率。计算方法为:转化率=(产生购买行为的买家人数/所有到达店铺的访客人数)×100%。

影响转化率的因素包括宝贝描述、销售目标、宝贝的评价和客服等。图9-22所示为影响转化率的因素。

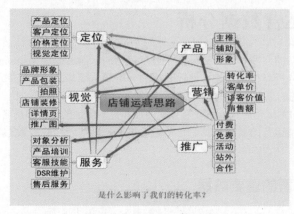

图 9-22　影响转化率的因素

9.4.2　订单漏斗模型

一个店铺运营有几个因素是非常重要的,包括产品、价格、买家来源、浏览产品与下订单的关系。用户可以使用订单漏斗模型原理进行数据分析。订单漏斗模型也称为转化漏斗模型,其价值在于量化订单完成过程中各个流程节点的作用。

订单漏斗的最终目标是使潜在需求买家达到实际购买的目的,通过对漏斗各流程转化率分析,可以发现各流程节点转换率是否存在问题,然后提出解决方案从而提高用户消费转化率。订单漏斗模型从起点到终点有多个环节,每个环节都会有用户流失,依次递减,每一步都会有一个转化率。图 9-23 所示为电商平台店铺的转化漏斗模型。

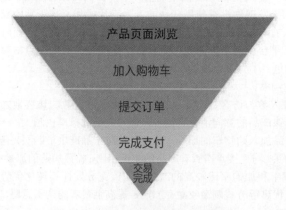

图 9-23　电商平台店铺的转化漏斗模型

订单漏斗模型分析通过五步完成,每一步包含的分析数据如下。

（1）产品页面浏览,包含浏览指标、贡献用户数、日均流量、人均访问量、平均停留时间、平均访问页数等指标。

（2）加入购物车,包含加入购物车买家数、加入购物车次数、加入购物车产品数、加入购物车时间节点等指标。

（3）提交订单,包含分析订单的数量、金额、买家数和订单转化率等指标。

(4)完成支付,包含支付金额、支付买家数、支付产品数、支付买家转化率、支付金额转化率和各订单支付时长等指标。

(5)交易完成,包含分析交易失败的原因和退款原因等指标,具体内容如表9-2所示。

表9-2 交易完成后分析指标

交易情况	具体分析指标
交易成功	分析交易成功的订单数、买家数、产品数
交易失败	分析交易失败订单数、各订单金额、订单产品数、订单买家数,分析失败原因
退款统计	分析产品退款买家数、退款金额数、退款占比

9.4.3 影响转化的因素

影响店铺转化的因素包括买家群体、产品主图、详情页、销量和评价以及客服的服务等五个方面,下面逐一进行讲解。

1. 买家群体

从买家的购买心理来看,买家在购买产品的时候希望自己看到的产品是想要购买的,这样既能节省时间也能节省精力,所以流量的精准度才是首要核心因素。

受千人千面的影响,淘宝给每个人、每个店铺都打上了标签,让更多符合店铺标签的人群进店购买,所以标签做得越精准,淘宝分给你的流量就越多,反之你的标签做得越混乱淘宝分给你的流量就越少。标签混乱会使淘宝不知道该为你的店铺匹配什么样的流量。

2. 产品主图

买家通常可以在店铺页面中搜索想要购买的产品,搜索后第一眼看到的便是产品的主图,买家会仔细察看和比较产品主图,特别是鞋子、服装和包等类目。

许多卖家都有一个误区,认为自己重视什么买家就重视什么,而不了解买家真正重视的是什么,并且没有分析买家的主观意向。买家重视的不光是产品的细节,更多的还想看到产品的卖点、赠品以及活动内容。所以这些买家重视的焦点都要尽量通过主图展现出来,尤其是移动端的产品主图对于提高产品的转化率非常重要。

图9-24所示为某电商平台的"茶具"产品主图。

图9-24 某电商平台的"茶具"产品主图

3. 详情页

现在电商的主要流量来自移动端,移动端买家不会像在PC端上那样浏览产品,所以设计制作详情页的构思和方式要有所改变了,不能用做PC端详情页的思维去做移动端的详情页了。

一定要充分考虑移动端的特点,买家在移动端上购物的时间极度碎片化,所以 PC 端和移动端的详情页要分开制作。

图 9-25 所示为移动端某保温杯的产品详情页(部分),使用图片与文字结合的方式,美观又清晰,包括功能、优势以及参数信息等内容。

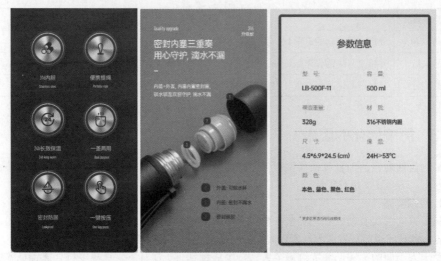

图 9-25 移动端某保温杯的产品详情页(部分)

4. 销量和评价的影响

买家在购物的时候比较重视产品的销量,通常会挑选相对销量高的产品购买,而且销量好的产品在搜索页面中位置也比较靠前,更能引起买家的注意。同时,买家对产品的评价也会直接影响其他买家的决定。可见销量和评价影响着买家购物的最终选择,也影响着产品的转化率。因此,短期内快速提高产品销量并获得好的评价显得尤为重要。

图 9-26 所示为某产品的消费者评价界面。

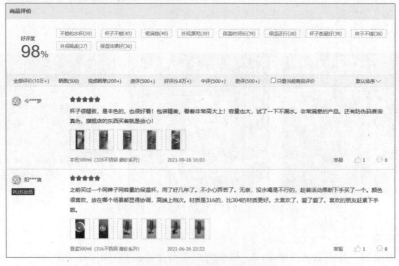

图 9-26 某产品的消费者评价界面

5. 客服的服务

买家疑惑的问题通常都是通过客服来解决的，一个好的客服不但能很好地处理买家的问题还能引导买家自动下单。买家的大多数问题在详情页里得不到答案，所以可以把一些问题的答案设置成快捷短语显示在详情页中，提升产品转化率的同时，也能大大减少客服咨询的工作量。

9.5 创业活动——监控店铺营销数据，调整营销策略

9.5.1 创业故事——拯救淘宝店铺

疫情对我们的生活造成了很大的影响，尤其是对电商行业，朋友的一个店铺，疫情前每个月销量可以达到 30 万，如图 9-27 所示。

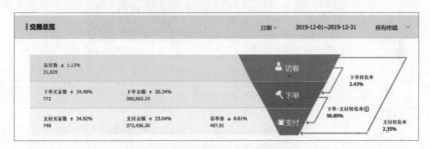

图 9-27　疫情前店铺月销量

现在每个月却只有 1 万左右的营业额。就算做了充分的店铺整改计划也没有太大作用，图 9-28 所示为该店铺 2020 年 2 月店铺数据。

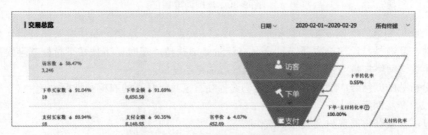

图 9-28　2020 年 2 月店铺数据

我们没有放弃，顽强地坚持了下来，通过分析店铺数据并适当调整营销策略，现在每天的数据有大幅度上升，如图 9-29 所示。

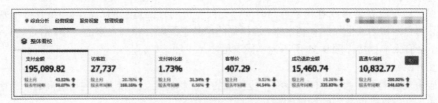

图 9-29　调整后店铺数据大幅度上升

我们主要从店铺内容产品优化和店铺外部产品营销两个方面进行调整。下面逐一进行讲解。

1. 产品优化

该店铺是一家老店铺，因为之前热销品累积，已经给产品带来权重和基础。但是经过一个月时间的沉寂，热销品也变成了"老链接"。根据我的电商经验，很少有人可以把老款再次做起来，店铺基本经营逻辑都是通过不断的产品上新，打造爆款或者热销品。

所以再在热销品上下功夫是不可能的了，只能重新研究产品、选择产品图片和产品定价上架。

（1）选对产品。

选品最简单有效的方法就是在行业类目下找这个类目搜索量最大的子产品。这家店铺主要经营家居家装类目，衣柜和鞋柜的搜索数量很大，分别在第一名和第四名，在往年的这段时间里，搜索量也是一直上升的，如图9-30所示。

图 9-30　热搜词排名

由此得知这段时间衣柜和鞋柜产品需求大，只要产品在这类产品中有突出特点，那系统也会对产品有扶持。平台对季节性产品有流量倾斜扶持，观察一下搜索下拉框就会发现下面的搜索关键词经常是不一样的，但是热门核心词是不变的。

分析总结并结合店铺真实情况，我们选择经营家具类目下的衣柜和鞋柜。

（2）产品创意。

新品想要获得展现机会要怎么操作呢？

①产品主图

平台需要大量的新品来满足买家的需求，新品通常会获得较多的流量。首先要仔细研读平台规则，只有迎合平台规则，平台才会给流量。平台对新品的判断标准是这个产品是否是第一次上架。

很多店主没有灵感或者为了节约时间，直接模仿同行销量高的产品，甚至直接把别家店铺产品的主图和创意也一起复制过来。这样你的产品主图就会和别人家的一样，对于这类产品，平台不会有太多扶持，图9-31所示为不同衣柜产品主图。

②产品标题

店主在前期不愿意花时间在没有多少权重的产品标题上，直接去复制销量高的产品标题，殊不知平台会直接屏蔽复制标题的产品。

图 9-31　不同衣柜产品主图

做标题是很浪费时间的一件事,尤其当店主拥有多家店铺时,可以使用一个万能的公式,获得好的产品标题:人群定位+产品功能卖点+客户买单动力=产品标题。

通过公式做出来的标题既和我们的产品相符又能避免被平台屏蔽。图 9-32 所示中产品的标题即为好的产品标题。

图 9-32　好的产品标题

(3)产品营销。

营销的目的是让客户觉得他买到了高性价比的产品,产品质量不变,降低消费者购买成本。

举个例子,一个手机壳卖 9.9 元,虽然会引来很多流量,但是转化率是不行的。客户觉得价格会反映产品质量,价格这么低质量不会好到哪里去。

我们转化一下思路,单价定价 17.9 元,买两个减 5 元并且包邮,注明"活动期间库存有限""工厂尾货质量有保证",这样既可以增加转化率,还可以提高单笔利润。图 9-33 所示为不同的衣柜营销产品。

图9-33　衣柜营销产品

还可以给买家设置消费门槛，如包邮、多买多送等，给买家收藏、加购等行为奖励机制等，这些措施都是为了刺激消费者消费。

设置营销方案不代表可以随意定价，而是让商品价格直接在相同的产品中产生竞争力。搜索一个行业里不同关键词出来的产品价格是不一样的，这个数据是由产品大数据计算出来的。根据这个特点，可以根据产品的主要关键词来确定产品的价格，以区别于其他店铺产品。

2. 直通车

如果你的直通车推广效果不太好，那么应当看一下你的关键词是否排行太靠后了。根据以前的经验，店主可以使用少量关键词带动流量，关键词排行在3~15名的情况下推广效果比较好，并且性价比也高。出价高可以选择精准投放，出价不要太低，因为太低的价格连展示机会都没有。

质量分是影响关键词排名的关键，点击率又是影响质量分的关键，优化点击率可以从以下方面入手。

（1）付款人数（销量）：一个销量高的宝贝和一个销量低的宝贝同时展示在买家面前，不用说，买家肯定会点击销量高的产品，哪怕销量高的宝贝价格要贵一点点。这就是羊群效应，销量多的宝贝对于买家来说，他们会觉得风险更小、更有安全感。

（2）价格：我们都知道价格在淘宝中的重要性，同等质量产品，如果你是厂家、他家是代理，那么，你在操作宝贝时完全可以将宝贝的价格低于他家。

（3）排名：随着无线端已成为流量主要入口，手机端屏幕大小有限，买家的点击几乎分布在前三屏。因此，很多直通车为了宝贝得到更多展现和点击，都将关键词排名至前三或者首条。因为排名越靠前，买家越容易点击。

（4）款式：我们一般做主推款前，都会通过直通车测款，因为市场的风向几乎每年都不同，去年的款式拿到今年来，有可能买家就觉得老气了。这时，买家更愿意点击款式新颖、设计感强的宝贝。

（5）行业：不同的行业点击率是不一样的，小类目点击率比大类目点击率要高。行业上升期点击率较下降期要高。

（6）人群精准度：不同的宝贝受众人群不同，只有将我们的宝贝展现在最大的受众人群前，或者我们做推广时加大主要人群溢价，点击率才会更好。关于这点，大家可以去生意参谋中，查看店铺人群分析。

（7）图片视觉内容：影响买家是否点击最重要的因素有图片质量、美观度、营销、创意等。

直通车的作用就是带来精准人群，给产品打上标签，可以带来产品免费流量。使用直通车的时候也要做好前期的所有环节，环环把控，才能达到想要的效果。该店铺之所以能够快速恢复生机，主要遵循以下几点。

- 挖掘市场供需关系，找准产品；
- 从消费者角度分析解决问题；
- 根据数据优化产品。

9.5.2 技术引进——淘宝店铺数据分析

淘宝店铺选取特定数据进行分析对于店铺运营具有重要价值，通过特定时间段的店铺和产品分析，为新产品规划和营销推广提供数据支持，同时也可以通过取数指标了解店铺的不足之处。

打开淘宝店铺后台，进入"生意参谋"页面，点击"取数"选项，单击"取数分析"页面左侧的"我要取数"选项，页面效果如图 9-34 所示。用户可以自由组合取数指标对店铺或者单个产品进行特定时间段内的分析。

图 9-34 "我要取数"分析操作界面

首先是分析店铺的流量数据，包括 UV 和 PV、老访客占比、跳失率和人均停留时间等，通过这几个数据了解每天店铺的访客变化和占比，同时为产品的详情页黏度提供数据，如图 9-35 所示。

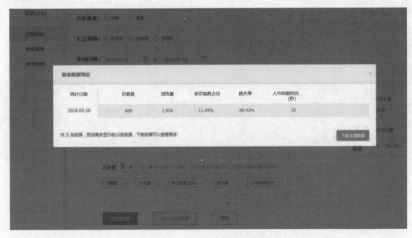

图 9-35 分析店铺流量数据

其次是选择店铺的交易数据，包括转化率、客单价、支付产品件数和支付买家数等，通过交易数据了解每天店铺的销售情况，及时发现转化率不足的情况并进行营销推广，如图 9-36 所示。

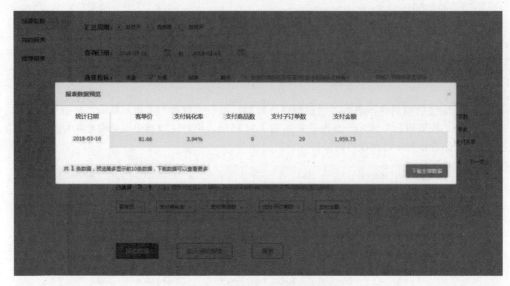

图 9-36　了解每天店铺的销售情况

其他数据取数分析，包括 DSR 低评分人群、申请退款金额、店铺和产品的收藏人数，这部分数据是为售后服务提供改进支持，如图 9-37 所示。

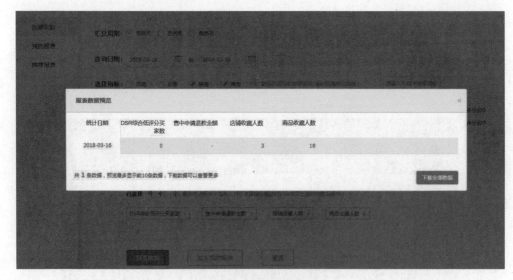

图 9-37　其他数据取数分析

取数分析中同样支持对单个产品进行分析，首先在"分析维度"选项中选择"产品"选项，然后输入产品名称或者链接即可选定取数，如图 9-38 所示。

图 9-38 对单个产品进行分析

在"推荐报表"里可以看到系统自定义了很多指标数据模板,包括流量模板、交易模板和售后模板等,新手可以直接应用这些模板分析取数报表,如图 9-39 所示。

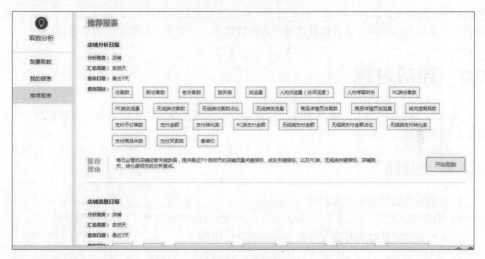

图 9-39 推荐报表

课堂练习　　查询店铺运营数据

根据前面所学内容,学生通过平台查询自己店铺的运营数据。

9.5.3 任务实施——查看店铺营销数据,调整营销策略

1. 活动内容

(1)学生根据前面所学内容,查看自己店铺中的营销数据。
(2)学生根据店铺营销数据调整营销策略。

2. 活动要求
（1）学生通过分析客流量、转化率和客单价获得店铺数据。
（2）学生有针对性地调整营销策略。
3. 活动评价
（1）店铺数据是否准确、全面地反映了店铺运营情况。
（2）根据店铺数据调整的营销策略是否合理。
（3）调整后的店铺数据是否得到改善。

9.5.4 举一反三——分析各项运营数据并对营销手段进行调整

根据前面所讲内容，学生分析自己店铺的各项运营数据，并对表现不好的营销手段进行调整。

9.6 本章小结

店铺的一切问题都可以从数据中分析出来，从数据出发可以让我们找到店铺经营中的问题，并且及时作出调整。本章着重介绍了电商运营数据管理的相关知识，包括电商数据分析概述、电商数据分析工具、店铺交易数据分析和店铺运营数据分析等内容，通过完成创意活动，帮助学生掌握利用电商运营数据管理提升店铺转化率，获得更好销售额的方法和技巧。

9.7 课后习题

完成本章内容学习后，接下来通过几道课后习题测试学生的学习效果，同时加深学生对所学知识的理解。

9.7.1 选择题

1. 常用电商数据分析的指标有（　　）。
   A. 基础统计类　　　B. 销售分析类　　　C. 直通车数据类　　　D. 来源分析类
2. 支付宝成交件数指标属于哪类电商数据分析指标（　　）。
   A. 基础统计类　　　B. 销售分析类　　　C. 直通车数据类　　　D. 来源分析类
3. 下列选项中，正确的点击率计算公式是（　　）。
   A. 点击率 = 点击量 /（展现量 ×100%）
   B. 点击率 =（点击量 ×100%）/ 展现量
   C. 点击率 =（展现量 / 点击量）×100%
   D. 点击率 =（点击量 / 展现量）×100%
4. 买家在购买产品的时候希望自己看到的产品是自己想要购买的，这样既能节省时间也能节省精力，所以流量的（　　）才是首要核心因素。
   A. 便捷性　　　　　B. 全面性　　　　　C. 精准度　　　　　D. 普遍性
5. 买家在购买产品时，影响转化率的因素包括（　　）。
   A. 产品主图　　　　B. 产品详情页　　　C. 买家评价　　　　D. 产品销量

9.7.2 填空题

1. 电商数据分析的步骤为_____、_____、诊断问题、数据展示和分析、撰写报告并推动落实。
2. 淘数据中的_____和_____功能版块可以显示店铺的各项交易数据，能够清楚显示店铺的运营情况和出现的问题。
3. 订单漏斗模型从起点到终点有多个环节，每个环节都会产生用户流失，_____，每一步都会有一个转化率。
4. 影响店铺转化的因素包括_____、产品主图、详情页、_____和买家等五个方面。
5. 分析店铺的流量数据，可以了解店铺每天的_____。

9.7.3 创新实操——学生上台汇报店铺经营情况

根据前面所学内容，学生分组上台汇报自己经营的店铺的运营数据，并阐述店铺在运营过程中遇到的问题、解决方法和运营效果。